Hilmar
Hoffmann (Hg.)

Das
Guggenheim
Prinzip

DuMont

Hilmar Hoffmann (Hg.)
Das Guggenheim Prinzip

DuMont

Die Deutsche Bibliothek – CIP-Einheitsaufnahme
Das Guggenheim-Prinzip / Hilmar Hoffmann (Hg.). – Köln :
DuMont, 1999
ISBN 3-7701-4817-7

Erste Auflage 1999
© DuMont Buchverlag, Köln
Alle Rechte vorbehalten

Ausstattung und Umschlag: Groothuis+Malsy
Gesetzt aus Documenta und AG Buch Stencil
Satz: Greiner & Reichel, Köln
Druck und Verarbeitung: Clausen & Bosse, Leck
Printed in Germany
ISBN 3-7701-4817-7

Inhalt

Einleitung 7

Hilmar Hoffmann Das Prinzip Guggenheim 11

Jean-Christophe Ammann Das »Guggenheim-Syndrom« oder Das Erstarren der Maus vor der Schlange 32

Heinrich Klotz Thomas Krens und das Guggenheim 42

Hilmar Kopper 1 + 1 = 3
   Das Deutsche Guggenheim Berlin 56

Verena Auffermann Berlin und die Kunst des Angebots 68

Friedrich Meschede Ein Gespenst geht um 73

Christoph Vitali Les »Must« de Guggenheim 83

Peter Iden Ein Museum als Weltreich 92

Dieter Kramer Eigener Herd ist Goldes wert. Museen und ihre Lebenswelt 114

Elmar Altvater Dreams that Money can Buy 137

Walter Grasskamp Werbemutanten 151

Christoph Graf Douglas Wäre weniger mehr? 160

Die Autoren 165

Einleitung

Mein Kommentar in der Frankfurter Allgemeinen Sonntagszeitung war Anlaß für den Verlag, mit diesem Buchprojekt eine Pro- und Kontra-Diskussion über die expansiven Pläne und extensiven Praktiken der New Yorker Guggenheim-Foundation anzustoßen. Als vorläufig letzte Außenbastion wurde darin die Deutsche Guggenheim Berlin im Nobelviertel der neuen Hauptstadt Unter den Linden kritisch beurteilt, gerade auch angesichts der in Berlin für die dort bereits reichlich vorhandenen Schätze und Sammlungen dringend notwendigen Investitionen. Dieser Kommentar wiederum war angeregt durch einen Vortrag des Berliner Politologen *Elmar Altvater* in Tutzing: in einer Auflistung der möglichen kulturellen Implikationen der Globalisierung hatte er Ende 1997 auch auf das Phänomen Guggenheim hingewiesen.

In seinem Beitrag zu diesem Buch wird Guggenheim als ein Prinzip gewürdigt, das nur unter den Bedingungen dieser Globalisierung als neue Struktur im tradierten Museumsbetrieb entstehen konnte.

Unterhaltungen mit befreundeten Museumsleuten bestätigten meine Bedenken gegen diese Form der Verwertung von Museumsgütern als gewinnbringendes Kapital. Aber nicht alle, die solche Vorbehalte mit mir teilten und sogar weitere Einwände formulierten, waren dann auch bereit, dies in einem Buchbeitrag zu wiederholen; sie bekamen Angst vor der eigenen Courage. Eine unmittelbare Auswirkung der Dynamik des Prinzips Guggenheim und dessen labilisierende Kraft zeigt sich also schon in solch selbstverordneten Einsilbigkeiten.

Guggenheim-Prinzip und Guggenheim-Syndrom werfen Fragen auf, die sich nicht nur der kulturpolitischen Szene stellen, sondern auch der Gesellschaft: Haben wir es, wie aus gewohnter Perspektive zu befürchten, mit einer Katastrophe zu tun? Oder handelt es sich um eine neue Häutung eines Systems, das schon viele Wandlungen angestoßen und überlebt hat? Die Autoren analysieren Königswege und Sackgassen des weit verzweigten Guggenheim-Imperiums.

Die vorliegenden Aufsätze bieten eine Fülle von Material für die Diskussion beider Perspektiven: ihrer hellen wie ihrer dunklen.

Heinrich Klotz zeichnet den Werdegang des Projektes Guggenheim nach, wie es von Thomas Krens im großen Maßstab entwickelt wurde. Sein Aufsatz läßt erkennen, wie es Begeisterung für die Kunst, betriebswirtschaftlichem Denken und taktischem Geschick in relativ kurzer Zeit gelang, ein kulturelles Imperium neuer Art aufzubauen.

Immerhin, Vergleiche liegen nahe: Künstler und Kunstunternehmer der Renaissance und des Barock waren vielfach nicht weniger erfolgreich, mit den Mitteln ihrer Zeit und ausgeprägtem Geschäftssinn die Produktion ihrer heute noch hochgeschätzten Kunst auch mit ihrem materiellen Vorteil zu verbinden. Warum soll das heute nicht auch erlaubt sein, mutatis mutandis?

Peter Iden stellt die beiden bisher populärsten und erfolgreichsten Guggenheim-Projekte in ihrem Kontext dar – das Guggenheim in New York und in Bilbao. Der faszinierende Bau von Frank O. Gehry und der offensichtliche Erfolg der Konzeption des Bilbao-Projektes scheinen mit der ersten Ausstellung eine überzeugende Legitimation der Strategie zu sein.

Hilmar Kopper präzisiert den Zusammenhang zwischen den Interessen von Guggenheim und denen der Deutschen Bank, wie er sich in der Deutschen Guggenheim Berlin manifestiert: Wenn die Unternehmen von Wirtschaft und Finanzen tatkräftige Gestalter von Lebenswelt und Zukunft sind, sollen sie sich dann nicht auch engagieren für die Künste und auf diese Weise ihrer kulturellen Mitverantwortung in Form eines ästhetisch-ökonomischen Bündnisses gerecht werden? Für den Initiator der Berliner Dependance erschöpft sich das joint-venture nicht nur in der simplen Addition von Kunst und Kapital, sondern zielt auf jenen kulturellen Mehrwert, der dem Streben nach materiellem Wert erst das Ziel vorgibt – vielleicht sogar Sinn.

Verena Auffermann freilich wittert in ihrem Essay dahinter primär das Büro-, Lunch- und Party-Beziehungsnetzwerk der Moderne, das in seiner Mischkalkulation Kunst als pures Mittel zum Zweck vernutzt. Die Moral des Marktes ist nicht immer schon identisch mit der Moral der Kultur.

Jean-Christophe Ammann benennt wohl, ohne es zu wollen, mit seiner militärischen Analogie die hegemoniale Tendenz, die andere hinter dieser Expansion vermuten: Das kulturelle Denken soll das militärische ersetzen – jedoch war die von ihm zum Vergleich herangezogene NATO eine gewaltige, nicht unangefochten gestaltende Kraft im Weltgeschehen. Aber vielleicht sollen wir uns bei diesem Vergleich daran erinnert fühlen, daß Solomon R(obert) Guggenheim seinen nur zu einem winzigen Bruchteil in Kunst investierten Reichtum der Konjunktur des Kupfers und sonstiger Metalle seiner Minen und Schmelzereien im Ersten Weltkrieg verdankte?

Daß der von Ammann hervorgehobene Faktor Mensch von entscheidender Bedeutung sein wird und die Künste zu den potentesten Mitteln seiner Qualifikation gehören – wer möchte das bezweifeln? Auch *Friedrich Meschedes* hohe Würdigung der Kunst als Gemeinschaftsgut lebt von solcher Wertung, aber gerade deswegen möchte er sie als öffentliches und jedermann frei verfügbares Gut vorgehalten wissen, statt sie den monopolisierenden Ausstellungsunternehmen und »free lances« zu überlassen: Das ist im europäischen Verständnis von Politik gedacht, für die das Gemeinwesen seine Leistungen nicht wie ein Unternehmen auf dem Markt anpreist, sondern notwendige hoheitliche Leistungen (wie den Schutz der Grundrechte oder der Freiheitsrechte der Bürger) erbringt sowie der gemeinen Wohlfahrt verpflichtet ist.

Dieter Kramer weist auf ganz andere Konzeptionen von Museumsarbeit hin, bei denen die Sicherung von sozialem Kapital im Vordergrund steht. Seine Hinweise auf die Rolle von Kultur und Museen in der Diskussion um Kultur und Entwicklung vor allem auch in den ärmeren Ländern des Südens erweitern das Problemspektrum.

Aus langjähriger Erfahrung in der Ausstellungspraxis mit der Frankfurter Kunsthalle Schirn und dem Münchner Haus der Kunst schildert *Christoph Vitali* mit konstruktiver Skepsis die Ambivalenzen zwischen ästhetischem Anspruch und den materiellen Zwängen, mit denen Ausstellungsmacher sich immer wieder konfrontiert sehen. Der Weg zum Erfolg ist oft nur über den moralisch gerade noch vertretbaren Kompromiß zu erreichen.

Walter Grasskamp weist darauf hin, wie exzessiv die Verbindung von Kunst und Kommerz inzwischen ganz ungeniert oder geschickt verborgen die Kulturszene prägt. Die Unterschiede zum Sport-Sponsoring werden immer geringer.

Christoph Graf Douglas, der ehemalige Deutschland-Chef von Sotheby's, gewinnt aus seinen vieljährigen Erfahrungen als Auktionator und Kunsthändler der Kunstvermittlungsphilosophie ironische Facetten ab, die im kritischen Kontext »Guggenheim« nicht fehlen dürfen.

In der Ausstattung der *Passagen* läßt Walter Benjamin die Kunst in die Dienste des Kaufmanns treten. Ob diese Prognose schon eingetroffen ist, dies möchten wir hier reflektieren helfen.

Ich danke allen, die sich bereit erklärt haben, an diesem Band mitzuwirken. Vor allem ist dem Verlag dafür zu danken, daß er sich angesichts der Aktualität des Themas zu einer raschen Produktion des Buches entschlossen hat.

Hilmar Hoffmann

Hilmar Hoffmann

Das Prinzip Guggenheim

Zur Geschichte

Von den etwa 5,8 Milliarden Menschen der Weltbevölkerung verschlingen nur 20 Millionen täglich Fast-Food-Hamburger. In Manhattan gibt es mehr Telefonanschlüsse als auf dem gesamten afrikanischen Kontinent. Ganz so weltumspannend scheint die Globalisierung also doch noch nicht fortgeschritten. Längst nicht alle Welt ist einbezogen in die ›Segnungen‹ des Fortschritts, und die Weltkultur ist nur ein dünner Firnis.

Aber unter der dünnen Folie einer McDonaldisierung übersehen wir leicht manch andere Tendenz der Hegemoniebildung. Das US-Rechtssystem dominiert inzwischen die rechtlichen Regularien des internationalen Marktes – jeder, der als Jurist auf diesem Gebiet tätig werden möchte, wird daher in den USA studieren wollen. Ironisch wurden die nichtanglophonen Sprachen schon im Rahmen des Freihandels als eigentlich überflüssige ›nichttarifäre Handelshemmnisse‹ bezeichnet.

Im Kulturbetrieb begegnet uns das Guggenheim-Prinzip als ein solcher Hegemonisierungsversuch. Die Guggenheim-Foundation ist auf dem Wege, ein Kunstimperium mit einem Definitionsmonopol aufzubauen, das in weiten Bereichen universelle Geltung beanspruchen wird.

Daran hätte der Emigrant Meyer Guggenheim (1828–1905), als er mit seinem Vater aus dem schweizerischen Armen-Getto in die USA auswanderte, nicht gedacht: Acht Söhne, drei Töchter waren ihm geschenkt, und zwei seiner Söhne sollten sich als für die Kunst des 20. Jahrhunderts von entscheidender Bedeutung erweisen: Einer von ihnen war Solomon R(obert) Guggenheim (1861–1949), der zusammen mit seiner Frau Irene 1937 die Solomon R. Guggenheim-

Stiftung ins Leben rief, zunächst mit drei Millionen Pfund Gründungskapital, die später deutlich aufgestockt wurden. Ihre Sammlung wurde zum Brennpunkt der Entwicklung der abstrakten Malerei, die von der beratenden Baronin Hilla von Rebay als Kulmination der modernen Kunst empfunden wurde: Zielsichere Öffentlichkeitsarbeit verband die Sammlung mit der Beauftragung von Frank Lloyd Wright für die Planung des 1959 eröffneten berühmten Gebäudes.

Als Pablo Picasso mit seinem Hauptwerk ›Guernica‹ die Welt auf das Menetekel des von der Falange angezettelten spanischen Bürgerkrieges aufmerksam machte und Franco alle abstrakte Kunst ausmerzte, und als Adolf Hitler mit der Münchener Ausstellung ›Entartete Kunst‹ nahezu das gesamte moderne Kunstschaffen als ›artfremd‹ diffamierte, gründete im gleichen Jahre 1937 in den Staaten der Unternehmer Solomon R. Guggenheim die nach ihm benannte Foundation zur Förderung abstrakter Kunst. Die Bilder der von kunstfeindlichen Nazi-Ideologen verfemten Künstler – von Cézanne und van Gogh über Kandinsky, Marc, Dix und Braque bis zu Max Ernst und Pablo Picasso – fanden in New York Asyl. Das auf der Pariser Weltausstellung 1937 gezeigte monumentale Picasso-Bild ›Guernica y Luno‹ wanderte anschließend ins Museum of Modern Art nach New York. Heute erinnert es im Centro de Arte Reina Sofia in Madrid an den Angriff von Hitlers ›Legion Condor‹ auf die Stadt Guernica und an die über tausendsechshundert Opfer.

Die wichtigsten Gemälde und Skulpturen aus Guggenheims Privatbesitz sollten im Museum of Non-objektive Painting nicht nur der Bevölkerung New Yorks, sondern auch Kunstliebhabern aus aller Welt vor Augen gestellt werden: Seht her, diese herausragenden Zeugnisse der von Hitlers Barbaren als ›Verfallskunst‹ verbannten Werke demonstrieren die Verfallssymptome der deutschen Kultur. Mit der ehrwürdigen Avantgarde-Tradition war der Grundstock für das spätere Guggenheim-Museum New York gelegt, das von seiner Gründungsdirektorin Hilla Rebay bald in den Erfolg geführt wurde.

Frank Lloyd Wright hat den Solitär mit der berühmten Rampenspirale an der oberen Fifth Avenue 1959 als Kontrast zur hochstrebenden Skyline verstanden. Das durch enorme Zukäufe und generöse Schenkungen aus den Fugen geratene Museum wird ein Vierteljahrhundert später nach Plänen von G. Gwathmey und R. Siegel um 4500 Quadratmeter erweitert.

Peggy Guggenheims venezianische Sammlung ist mit ihrem Tode 1979 in das Eigentum des Solomon R. Guggenheim Museums of New York übergegangen. Ihr Kunstinteresse und ihre ästhetischen Neigungen sind angeregt worden durch den amerikanischen Bohemien Laurence Vail, mit dem sie zehn Jahre die Ehe teilte: Eine andere subtilere Form der globalen kulturellen Durchdringung manifestiert sich in dem legendären ›Amerikaner in Paris‹, den man als mehr oder weniger vermögenden Müßiggänger in die Welt entließ, damit er sich von ihr inspirieren ließe und in der Verarbeitung der Erfahrungen beider Kontinente neue Künste entwickele.

Peggy Guggenheim, die Nichte von Solomon, war dank ihres Vermögens in der Lage, subjektives Mäzenatentum durch Sammeln von Kunstwerken zu praktizieren, mehr oder minder gut beraten. 1942 gründete sie mit Marcel Duchamp als kompetentem Fachmann an ihrer Seite die Galerie ›Art of this Century‹, unterstützt von Piet Mondrian und ihrem zeitweiligen Ehemann Max Ernst.

Mit ihren am Surrealismus geschulten Augen förderte sie vorwiegend Protagonisten des abstrakten Expressionismus und des Surrealismus. Bald nach Ende des Zweiten Weltkriegs übersiedelt sie mit ihren Kunstschätzen nach Venedig in den betagten Palazzo Venier dai Leoni am Canale Grande. Dreißig Jahre später vererbt sie der Stadt Venedig den im 18. Jahrhundert errichteten Palazzo. Als alleinige Erbin ihrer kostbaren Kunstschätze setzt sie die New Yorker Solomon R. Guggenheim Foundation ein.

Hegemoniale Museumspolitik

So entstand eines jener einzigartigen Stiftungs-Kulturimperien, die für die USA charakteristisch sind. Nach dem US-Stiftungsrecht operiert die Foundation unter dem Zwang, Stiftungsgelder permanent für Stiftungszwecke auszugeben, um sie nicht versteuern zu müssen – somit unter einem inhärenten Wachstumszwang, der um so stärker ist, je mehr das Kapital abwirft.

Die Guggenheim-Foundation reiht sich ein in die Reihe großer anderer US-Stiftungen, wie etwa die Smithsonian-Stiftung, die mit einem breiter angelegten Programm von Museen der verschiedensten Art ein differenteres Interessenspektrum bedient, oder die Paul Getty-Stiftung mit ihrem neuen kolossalen Museum in Malibu/ Kalifornien.

Der Guggenheim-Imperialismus etabliert Guggenheim-Filialen weltweit mit einem verwegenen ›all-inclusive‹-Konzept. Guggenheim macht's möglich! Das Gravitationszentrum der Künste läßt in Ländern und Kontinenten fern von den USA von anderer Leute Geld Museen bauen, um die Wände dann aus Guggenheim-Sammlungen mit Kunstwerken zu bestücken. Die ästhetischen Preziosen werden so rund um den Globus profitabel geparkt. Bei solch modernen Methoden der kulturellen Kolonialisierung kassiert Guggenheim einen Teil Einnahmen aus Eintrittskarten und Nebenrechten, während sich die örtlichen Betreiber vorwiegend mit den Einnahmen aus den Umwegrentabilitäten des Besuchertourismus begnügen müssen. Guggenheim präsentiert seine Schätze mit hohem Werbeaufwand und verspricht den lokalen Partnern sogar, ihnen ›kulturelle Identität‹ zu bringen und Kunst aus dem Umfeld des neuen Museums zu kaufen, die sie nicht nur in ihre Sammlungen integrieren, sondern auch über den geostrategischen Guggenheim-Verschiebebahnhof in den internationalen Kreislauf einschleusen sollen.

Nachdem das Board der Guggenheim-Foundation lange vergeblich für ihren scheidenden Museumsdirektor Tom Messer nach einem

Nachfolger mit dezidierten Managerqualitäten gefahndet hatte, fanden die Trustees 1988 ihren Mann in der Provinz: Thomas Krens. Als Direktor des Massachusetts Museum of Contemporary Art in Williamstown hatte er sich mit außergewöhnlichen Initiativen einen Namen gemacht.

In den neunziger Jahren ist der Guggenheim-Kunstbesitz auf über sechstausend Bilder und Objekte im Wert von mindestens drei Milliarden Dollar angewachsen. Aus diesem einzigartigen Arsenal moderner Weltkunst konnten im New Yorker Guggenheim aber maximal jeweils fünf Prozent ausgestellt werden. Außerdem waren die Kosten für klimatisierte Lagerräume und professionelle konservatorische Betreuung, für Versicherung und Vermögenssteuer nicht kapitalisiertes unnützes Kapital.

Da kam dem instinktbegabten Krens eine zündende Idee, wie sich die in Guggenheim-Schatzkammern den Blicken der Welt entzogenen kostbaren Kunststücke amortisieren ließen und wie gleichzeitig der nimbusträchtige Name Guggenheim globalisiert und nutzbringend vermarktet werden konnte. Denn »die wertloseste Kunst ist die im Depot« (Krens). Mit dieser Erkenntnis beginnt die wahre Geschichte Guggenheim, wie man sie sich unwahrscheinlicher kaum vorstellen kann. Die Zauberworte Franchising und Globalisierung werden nun generalstabsmäßig der Realisierung überführt. Franchising ist in diesem Kontext vergleichbar mit einem Lizenzbetrieb nach dem Erfolgsmuster der McDonald's-Kette. Hegels Ideal, die Kunst als Mittel zur »Milderung der Barbarei« unter die Menschen zu bringen, wird der Mesalliance von Kunst und Wirtschaft geopfert.

Bald warf der umtriebige Krens sein Fangnetz über Westeuropa aus. Der Aufbau von Kontaktstrukturen mit dem Alten Kontinent folgte keiner prima vista erkennbaren Kunst-Vermittlungs-Philosophie, sondern Krens operativ ausgerichtetem Kunstverständnis. Opportunistisch merkantil wurden in allen erfolgversprechenden Winden die Segel gesetzt. Nachdem Krens seine Montgolfiere über der tourismusfreundlichen Lagunenstadt und Weltkulturstätte

Venedig hatte schweben lassen, nahm er Kurs auf die Hafenstadt Bilbao, um dort Guggenheim-Interessen zu verankern.

In dieser kulturell heruntergewirtschafteten Region am Ostufer des Rio Nervion fristen zwei Millionen Basken ein von den Segnungen der Prosperität weitgehend vernachlässigtes Dasein. Am Ende der Welt ein von Frank O. Gehry zugleich exzentrisch und genial entworfenes Ausstellungsareal als Guggenheim-Dependance zur Optimierung der urbanen Infrastruktur? Das vorläufige Finale Grosso fand 1997 unter dem Zepter von Thomas Krens statt. Es ist ihm einwandfrei gelungen, damit den regionalen Horizont zu überschreiten: Nur ein Drittel der Besucher sind Basken.

Diesen ästhetisch spektakulären Titanium-Koloss mit einer Fläche von vierundzwanzigtausend Quadratmetern, davon zehntausend reine Ausstellungsfläche, haben die Steuerzahler des Baskenlandes mit einhundert Millionen Dollar finanziert. Das Land hat sich außerdem zur Zahlung von weiteren fünfzig Millionen für Zukäufe verpflichtet, vor allem für den Ausbau einer Sammlung einheimischer Kunstwerke. Die Stadt Bilbao finanziert darüber hinaus die jährlichen Betriebskosten in Höhe von fünfzehn Millionen Dollar, die zur Hälfte aus Einnahmen gedeckt werden. Im Gegenzug erlauben die Agenten der Guggenheim-Foundation, acht Prozent ihrer Kunstwerke in Bilbao auszustellen. Guggenheim ist beteiligt am Verkauf von Eintrittskarten und Katalogen und an Erlösen des Museums-Shopping. Der Deal wurde mit zwanzig Millionen Dollar in Cash auf den Tisch des Hauses Guggenheim in New York besiegelt. Hier scheint die Grenze zum Schicklichen überschritten.

Die Expansion setzt sich fest

Nachdem der in Äonen denkende Thomas Krens in Salzburg, St. Petersburg und China vorläufig keinen großen Fisch an die Angel bekam, hielten sich die Manager des Guggeheim-Imperiums ans Näherliegende und wurden in Deutschlands neuer Hauptstadt Berlin fündig. Als ein joint venture mit der Deutschen Bank baute im Gebäude der Grundkreditbank ›Unter den Linden‹ der Architekt Richard Glucksman auf vierhundert Quadratmetern Grundfläche eine fünfzig Meter lange fensterlose Kunstgalerie mitten im neuen Zentrum Berlins, die 1998 eingeweiht wurde. Als Architekt des Dia Center for the Arts in New York und des Andy Warhol Museums in Pittsburgh hatte Glucksman auch negative Erfahrungen gesammelt, die er in Berlin – aber unter gehörigem Auraverlust – vermeiden konnte.

Die große Umarmungsgeste Guggenheims mit einer Größtbank hat sich für das New Yorker Enterprise gelohnt: Den einhundert Millionen Dollar teuren Bau hat nicht Guggenheim, sondern die Deutsche Bank komplett bezahlt. Sie deckt darüber hinaus alle laufenden Kosten.

Die notorisch kunstsinnigen Vorstände der Deutschen Bank hatten seit je Kunst erworben, weniger als Aktienkapital, sondern um junge Künstler zu fördern. Bis heute beläuft sich das Kunstsaldo auf 30 000 Bilder und Objekte der Moderne und der zeitgenössischen Kunst. Ich frage deshalb: Braucht die Deutsche Bank zu ihrer ästhetischen Nobilitierung wirklich die Entente cordiale mit Guggenheim?

Guggenheim hat nicht nur einen Vertrag mit der Deutschen Bank unter den Linden in Berlin ausgehandelt, sondern auch mit dem Zentrum für Kunst und Medientechnologie in Karlsruhe. Hier aber laufen die Pferde in umgekehrter Richtung: Klotz liefert Kunstausstellungen und andere events nach New York und kassiert dafür Leihgebühren. Was für die badische Stadt noch als Zugewinn an Kunstangebot gewertet werden kann, weil es durch Heinrich Klotz' Pochen auf eigene Autonomie gelungen ist, die Werke in einen relevanten Kontext einzubinden, ist für unsere Hauptstadt ein absurdes Unternehmen. Berlin kann seine eigenen wichtigen Museen und diejenigen des Preußischen Kulturbesitzes aus eigener Kraft kaum noch am Leben erhalten.

Mit dieser Dependance in Deutschland erweitert Guggenheim sein Kunstimperium, das wegen seiner kommerziellen Ausrichtung demjenigen der Sammlung Ludwig allemal überlegen sein wird, auch wenn diese den Vorteil hat, nicht nur Werke der Moderne zu besitzen.

Als Nummer fünf des rasant expandierenden Guggenheim-Empire soll nach indiskreten Berichten der ›Jerusalem Post‹ und der ›New York Times‹ am Pier 40 off Houston Street, New York, ein Mammutbau unmittelbar am Hudson River entstehen. Für den sechs Hektar großen staatlichen Grundbesitz in West Manhattan soll wiederum Stararchitekt Frank O. Gehry erste Planungsskizzen für ein vierhundert Millionen Dollar-Projekt schon auf dem Tisch des Boards deponiert haben. Erste Hochrechnungen prognostizieren für die ersten zwei Jahre nach dem Start gar eine Gewinnmaximierung von einer Milliarde Dollar allein aus tax revenues, Tresenverkäufen und Extratourismus. Vorher müßten noch drei Großgaragen eingeebnet werden, die von solch beträchtlichen Ausmaßen sind, daß auf ihrem Dach ein Fußballfeld Platz finden könnte.

Guggenheim ist möglicherweise aber nur die Spitze eines Eisberges. Die nicht minder imperial operierende Getty-Stiftung, die im Dezember 1997 in Malibu ihr Mammut-Museum eröffnet hat, fordert uns auf einem anderen Sektor heraus: Sie hat eine einmalige Software für die Archivierung von Kunstwerken aller Art entwickelt, mit der sie ihre eigenen Sammlungen weltweit ins Internet speist; sie lädt mildtätig alle Museen der Welt ein, sich unter dem Getty-Markenzeichen dieser Software zu bedienen und ihre Sammlungen mit Verknüpfungs-Links in das Netz einzufüttern. Vorrangiger Zweck dieses hochvariablen Projektes ›Object ID‹ ist es, einen internationalen Datenfeldkatalog zu erstellen, der speziell für die Zusammenarbeit der Museen nicht nur dem Kunsthandel, sondern auch der Polizei und den Versicherungen dienlich sein soll; damit kann die eindeutige Identifizierung gestohlenen Kulturguts auch für Nichtfachleute ermöglicht werden – mit codierten Standorten etwa in Ungarn, um Mißbrauch vorzubeugen. Aber natürlich läßt sich mit einem solchen System auch eine ganze Menge anderes anfangen. Nach Meinung der Fachleute kompensiert Getty einen vergleichsweise dürftigen Besitz auf diese einträgliche Weise mit medialer Oberhoheit.

Bilden diese beiden Kunst-Exporteure nun die neue Variante dessen, was als Kulturimperialismus längst der Vergangenheit angehörte? Wenn wir weiter die Zeiten des Umbruchs verschlafen und auf den Staat als allein-seligmachendes Vaterprinzip hoffen, dann werden wir Opfer jener Mega-Manager, die fixer handeln.

Die neue Dimension der Nutzung kulturellen Kapitals

Die politisch-kulturelle Öffentlichkeit hat sich der neuen Situation im Kunst- und Museumsbetrieb noch nicht so recht angenommen. Um so mehr wären kontroverse Diskussion und kritische Analyse angesagt. Der Ausstellungsbetrieb wird aufgemischt durch Impresarios, die ihre Ausstellungen als full-service weltweit anbieten. Und die Museumslandschaft wird herausgefordert durch Guggenheims Joint-venture-Museen nach dem Franchise-Prinzip à la McDonald's.

Verräterisch ist die Einschätzung der deponierten Kunstschätze im Magazin als zu nutzendes und zu vermehrendes ›Kapital‹. Im modernen Betrieb sind damit auf jeden Fall zwei Aspekte gemeint. Einmal soll die Kunst dienen als Ressource für die kreative Aneignung, für die sie weitgehend verloren wäre, wenn sie nicht öffentlich präsent ist; gemeint ist aber auch die Nutzung als Mittel zum Erwerb von Einkünften durch Ausstellungen, Eintrittsgelder und Nebenrechte, wie sie vom Guggenheim-Konzern ja unverhohlen angestrebt werden.

Einem »increasing pressure to be profitable« sieht Peggy Loar in ICOM-News 4/97 die Museen ausgesetzt. In der ganzen Welt sollen sie heute Gewinn oder mindestens Einnahmen einspielen. Der Aufwand für die Akquisition zusätzlicher Gelder hindert sie aber daran, sich voll auf ihre Rolle als Agenturen zur Entwicklung einer kulturellen Öffentlichkeit zu konzentrieren. Das Guggenheim-Prinzip greift hier nicht korrigierend ein, sondern – ganz im Gegenteil – verschärfend.

Auf Dauer wird der Trost kaum viel weiterhelfen, es handle sich auch bei Guggenheim doch immer um die ganz große Kunst, die ihre Wirkung schon nicht verfehlen werde. Der Eigensinn der Kunst als

Korrektiv wird gegen weltweite Vereinheitlichung nur da etwas bewirken können, wo sie auf lebendige kulturelle Öffentlichkeit vor Ort trifft. Aber wo immer es diese Öffentlichkeit dann gibt, muß damit gerechnet werden, daß Stilwenden und Stilbrüche, wie schon oft genug in der Vergangenheit, gegen die großen Institutionen sich durchsetzen werden. Der Protest gegen Akademismus jeglicher Art war immer eine der wirkungsvollsten Innovationsquellen der Künste. Nur in glücklichen Fällen werden solche Potentiale von den gängigen Institutionen selbst gefördert.

Kulturelle Großinvestitionen in der Geschichte

Gewiß, wir sollten das alles durch die Brille der Nüchternheit betrachten und nicht gleich alarmistisch überreagieren. Geniale Einzelleistungen in Kunst und Kunstpolitik haben im Laufe der Geschichte immer wieder zu beachtenswerten Resultaten geführt.

Auch ohne dem Geniekult zu verfallen, bleibt die besondere Rolle der Individualitäten in der Entwicklung von Kultur und Kunst als unverzichtbar zu würdigen. Das geistige und politische Klima, in dem innovative Institutionen und Personen kreativ wirken können, um darauf wiederum zurückzuwirken, sollten wir allerdings darüber nicht vernachlässigen.

Hans Magnus Enzensberger, wie immer anregend, aber diesmal haarscharf am Ziel vorbei, hat kürzlich für die Schweizer Stiftung Pro Helvetia über die Asymmetrie von Wirtschaft und Kultur in der Globalisierung öffentlich nachgedacht. Er resümiert, daß kulturelle Güter historisch betrachtet fast immer im kleinen Maßstab produziert worden seien: »Am Schreibtisch, im Atelier, auf der Bühne, im Konzertsaal ... Während für ein neues Automodell Entwicklungskosten in Milliardenhöhe anfallen, kostet die Entfaltung eines philosophischen Gedankens höchstens ein paar hunderttausend Mark«. Gedichte seien noch wesentlich billiger zu haben.

Das klingt gut und vor allem schön polemisch, leitet die Gedanken aber auf falsche Fährten. Genau betrachtet war etwa die Weimarer Klassik, der wir Goethes Wirkung verdanken, eine Großinvestition, deren weitreichende Wirkung damals niemand hätte voraussehen können, freilich nicht kalkuliert wie unsere modernen Investitionen. Ein kleiner Staat wie dieses Weimarer Großherzogtum leistet sich Dichterfürsten vom Range eines Wieland, Goethe, Schiller, Herder und in deren Gefolge eine illustre Schar von Intellektuellen und Kreativen.

Sie bemühen sich gelegentlich zwar auch um Bergbau, Wegebau oder – wie Johann Gottfried Herder – um das Seelenheil und die notwendigen kultischen Verrichtungen; aber im großen und ganzen frönen sie gemeinschaftlich wie im einzelnen ihren individuellen Neigungen.

Ein brodelndes inspiratives Milieu entsteht, dessen nachhaltig geförderte grenzüberschreitende Beziehungen wesentlich zu Weimars kultureller Entwicklung und Blüte beitragen und einen bis heute nachwirkenden Ruhm begründen. Gewiß litt Goethe gelegentlich an der Enge dieses Milieus – oft hat er den Ort seiner Wahl fluchtartig verlassen, um dann aber doch immer wieder gern heimzufinden.

Weimar investierte gewaltige Summen und allen Ehrgeiz in die Entwicklung eines nachhaltigen geistig-kulturellen Milieus, und die Stadt profitierte von ihren Investitionen bekanntlich sehr viel mehr als bloß materiell. Für den modernen Tourismus ist dieses kulturelle Erbe unbezahlbar. Ohne die klassischen Werke seiner zahlreichen Dichter, Künstler, Philosophen und Komponisten wäre Weimar 1999 nicht zur Kulturhauptstadt Europas ausgerufen worden. Aber für die Menschheit noch viel wichtiger ist das, was unsere Klassiker als Vorstellung von Qualität und Würde des Lebens und der Kunst für die Humanisierung der Menschheit hervorgebracht haben. Davon zehren heute nicht nur Weimar und Deutschland, davon zehrt heute die ganze Welt – so wie die Geistesheroen von Weimar ihrerseits von den ganzen damals bekannten Kulturen das je Besondere in ihre Arbeit haben einströmen lassen.

Der Maßstab, an dem das Wirken von Institutionen wie Guggenheim gemessen wird, ist solche Wirkung. Legitimiert sich das Guggenheim-Prinzip moralisch durch die vorgebliche Demokratisierung der Kunst mit Hilfe möglichst vieler Vermittlungsstätten bis in die kulturellen Sahelzonen, wie beispielsweise in Bilbao? Oder werden Regionen im Abseits nur kraft des allmählich sich herausbildenden Definitionsmonopols des kulturellen Globalismus zu kulturellen Wüsten erklärt, damit Kolonisation und Missionierung durch die Kunstimperien um so besser gelingen können? Die Antworten auf diese Fragen implizieren auch die Fragen nach Motiv und Motivation für den Beitrag zu einer ›Kultur für alle‹ als öffentlicher Aufgabe der res publica.

Stiftungen als Agenturen des Wandels

Lebendige kulturelle Ambiente können auch auf andere Weise hergestellt werden – möglicherweise sogar effizienter als mit Guggenheims Rezepten. Wenn der Staat vor dieser Aufgabe versagt oder materiell nicht mehr seinen kulturellen Auftag erfüllen kann, dann muß er mindestens die steuerrechtlichen Voraussetzungen dafür schaffen, daß die jüngst immer wieder propagierten Instrumente der privaten Stiftungen eine Chance bekommen.

Zum Guten abgemildert werden die gewinnorientierten Aktivitäten internationaler Kunstimperien durch einige wenige potente Kulturinstitutionen vor Ort, wo sensible Kunstkenner vom Kaliber Heinrich Klotz, Herbert Beck, Christoph Vitali, Kasper König oder Peter-Klaus Schuster in München und Neil MacGregor in London über die Standards wachen. Nur wo vor Ort schon eine lebendige kulturelle Infrastruktur vorhanden ist, in der die Bedingungen für die Aneignung und Auseinandersetzung mit Exportkunst garantiert werden, da mag Guggenheim mit seinen Schätzen kommen.

Die Kunst der Wahrnehmung will gepflegt sein; die notwendige Kommunikation mit Kunstwerken gelingt nicht ohne entsprechendes Mühen um ein kulturelles Klima. Beim Billig-Anbieter auf dem

Weltmarkt ist diese Qualität jedenfalls mit Geld allein nicht zu erwerben.

In einer Umbruchphase, in der Sparsamkeit und Effizienzsteigerung über Nacht an ihre definitiven Grenzen gelangen, müssen auch die von der öffentlichen Hand alimentierten Museen mit unternehmerischem Kalkül geführt werden, wie dies Jean-Christophe Ammann mit seinem Museum für moderne Kunst, Herbert Beck mit dem Städel in Frankfurt am Main oder Uwe Schneede in der Hamburger Kunsthalle gut vormachen.

Seitdem die öffentliche Hand nur noch über leere Kassen verfügt, muß um so mehr das Prinzip Stiftung einspringen. Die allein in Deutschland geparkten privaten passiven Vermögenswerte von 5,2 Billionen DM sind auf den ersten Blick geradezu schockierend. Aber auf den zweiten Blick kann dieser brachliegende Reichtum hochgestimmte Gefühle wecken. Sesam öffne dich! Hier könnte sich ein lange gesuchter, lange entbehrter Schatz aktivieren lassen für die künftige Finanzierung der Künste und der Kultur, mit der diese sich aus dem Jammertal der Defizite herausführen ließen.

Kaum zu glauben, aber jährlich werden 360 Milliarden DM Privatvermögen in der Bundesrepublik Deutschland vererbt. Das ist an jedem Tag, den Gott werden läßt, eine Milliarde! Und das ist nur ein Bruchteil der Vermögenswerte in privaten Händen von 5,2 Billionen. Für diejenigen, die in der Evaluierung von Billionenbeträgen nicht so geübt sind: auf die nächste Stufe heruntergerechnet sind es 5200 Milliarden Mark, die ausschließlich als passives Geldvermögen deponiert sind.

Wem nutzen diese wie die Goldbarren im Hoch-Sicherheitstrakt von Fort Knox/Massachusetts gehorteten Schätze tief in unseren Banktresoren, mit denen die Reichen offenbar nichts anzufangen wissen, außer sie zu vermehren, zu vererben, weiter zu vererben und weiter und weiter zu vererben, statt damit Gutes zu tun.« »Man muß Gutes tun, damit es in der Welt sei«, sagt Marie von Ebner-Eschenbach in einem passenden Aphorismus. Ein anderes geflügeltes Wort kennen wir alle: »Tue Gutes und rede darüber«. Also stifte Gutes und laß Dich dann gehörig feiern.

Eine Chance für Unsterblichkeit nennen die Menschen im angelsächsischen Raum die Stiftungstätigkeit. Anderswo, in Israel, genügt eine Million Dollar, wenn jemand ein Gebäude, ein Institut einer Universität zum Beispiel, nach sich benennen lassen will – und an jeder Straßenecke befindet sich im gelobten Land mindestens eine Grünfläche mit dem Namen eines bis dahin unbekannten Stifters.

Was ist das Einwerben eines Sponsors gegen die Gründung einer Stiftung, könnte man in Abwandlung eines Brecht-Bonmots fragen. Nur einen kleinen Teil der gehorteten Gelder für Kulturstiftungen abzuzweigen und damit Künste, Kultur und Wissenschaft zu fördern und gleichzeitig Menschen in Arbeit und Brot zu bringen, das wäre des Schweißes der Edlen wert. »Denn wer nichts für andere tut, tut nichts für sich«, erinnern wir hier eine im Goethejahr willkommene schöne Wendung Goethes.

Stiftungen sind uns auch wegen ihrer Unabhängigkeit und Solidität lieb und wert. Sie sind anders als das Sponsoring ausschließlich dem unmittelbaren Nutzen des Stiftungszweckes verpflichtet – selbst wenn es Firmenstiftungen sind, die mit den strategischen Interessen eines Unternehmens nicht unmittelbar konform gehen. In der Regel sitzen in Stiftungsgremien sachkompetente Persönlichkeiten und die Stiftungsaufsicht bürgt für die solide Verwendung der Gelder. Stiftungen sind leichter der Kontrolle der Öffentlichkeit zugänglich als die unsteten, jeweils dem direkten Nutzen für den Sponsor geschuldeten Spenden, die keine Planungssicherheit erlauben.

Stiftungen sind als sehr stabile nichtstaatliche Akteure dem sporadischen Sponsoring überlegen – schließlich können sie politische Systeme und Kriege überstehen, wie die Frankfurter Erfahrungen mit den Stiftungen von Städel, Häusser oder Speyer segensreich bestätigen. Seit über tausend Jahren besteht in einer Gemeinde in der Nähe von Nördlingen die älteste Bürger-Stiftung in Deutschland. Das sind Dimensionen der Dauer, von denen Staaten nur träumen können.

Auch Christoph Mecking, der Geschäftsführer des Bundesverbandes Deutscher Stiftungen, betont deren Autonomie: »Über Stiftungen kann eine weitgehend autonome und langfristige Absicherung einer kulturellen Institution erreicht werden. Erträge sind regelmäßig kalkulierbar und der parteipolitischen Auseinandersetzung weitgehend entzogen.« Die Unabhängigkeit der Stiftung schützt vor lästigen bürokratischen Infamien und üblen Maßregelungen, wie wir sie aus der Politik so ungern erinnern. Weil Stiftungen viel flexibler sind als die starren Zahlengerüste einer zutiefst anachronistischen Kameralistik, können sie mit ihren Erträgen auch risikofreudiger arbeiten.

Steuerbegünstigungen für Stiftungen und Zustiftungen machen die Sache besonders attraktiv, weil bei jedem steuerpflichtigen Bürger die Sachkosten seiner Stiftung als Sonderausgabe abzugsfähig sind. Bei Kunst- und Kulturstiftungen können es bis zu zehn Prozent des steuerpflichtigen Einkommens sein. Es wäre nur vernünftig, diese zehn Prozent mindestens zu verdoppeln, wenn nicht zu vervielfachen.

Auch bei Stiftungen wird eine Gegenleistung erwartet – langfristig soll sie den Ruhm des Stifters mehren und der von ihm geförderten Sache dienen. Die Förderung der Künste kann besonders wirkungsvoll sein, da sie ob ihres zweckfreien Charakters die Idealität der Förderabsichten unterstreichen. Der Kredit ist eine durch reale Leistungen erzeugte Idee der Zuverlässigkeit. Aber wen wundert es bei der allgemeinen Geringschätzung der Kultur, daß von den 1997 erfaßten ca. 6500 Stiftungen in Deutschland nur 11,6 % der Kunst und der Kultur gewidmet sind, während Sport und Soziales die Spitze halten. Das müßte für die Kultur noch steigerungsfähig sein!

Hier ist auch die Politik gefragt. Für Kulturstiftungen zu werben, sollten die Stadtoberhäupter ihr ganzes persönliches Prestige und ihr offensives Engagement in die Waagschale werfen. Mit ihrem Amtsbonus sind sie in der Lage, potentielle Stifter zu beeindrucken und ihnen auch interessante Vorschläge ihrer Museumsleute für attraktive Modelle zu machen. Da können sie ihre Chance beim Schopfe fassen, um ihre Glaubwürdigkeit zu behaupten, indem sie ihre verbalen Bekenntnisse zur Kultur mindestens auf Kosten Dritter materialisieren und über das Anregen von Stiftungen zeigen, daß sie mehr für die Kultur bewirken als ihre in der Regel kunstabstinenten Kämmerer. Mit dem Ausrechnen von Dezimalstellen hinter dem Komma hat Kultur keine Zukunft. Also käme es darauf an, ein überzeugendes, gut sortiertes Repertoire von gut geplanten Stiftungsvorhaben vorlegen zu können. Begüterte Individuen und die von ihnen gegründeten Stiftungen haben in unserem Jahrhundert eine außerordentliche Rolle gespielt. Der deutschen Kunstsammlung Ludwig wird nachgesagt, daß sie – bezogen auf die Kunst der Moderne – inzwischen ein größeres Kunstimperium repräsentiere als die ehrwürdige Stiftung Preußischer Kulturbesitz, die immerhin unser Vorzeigeobjekt für die Überführung des Eigentums einer untergegangenen Großmacht in kulturelles Kapital ist.

Lange bevor Thomas Krens das Guggenheim-Prinzip entdeckte, hatten der Aachener Schokoladenfabrikant Peter Ludwig und seine Frau Irene mit der Gründung des Kölner »Ludwig-Museums« im Jahre 1976 das erste Joint Venture auf Kosten einer Kommune ausgeheckt. Im Gegenzug bestückte Ludwig die ihm überlassenen kommunalen Wände mit Bildern und Objekten aus den üppigen Schatzkammern des mäzenatischen Ehepaars. Schon zehn Jahre danach wurde das Museum in den wiederum vom Steuerzahler der Stadt Köln finanzierten Museumsneubau »Wallraf-Richartz-Museum – Museum Ludwig« überführt. Nachdem Ludwig 80 Picassos gestiftet hatte, wird das Haus als kleines Dankeschön in »Museum Ludwig« umgetauft. Ludwig wußte seinen Einfluß als großzügiger Bilderstifter und Leihgeber nicht nur für die Streuung seines akkumulierten Kunstbesitzes durch Vergrößerung seines Kunstimperiums zu nutzen. Er sicherte sich auch die personelle Entscheidungskompetenz, die als erster der in Fachkreisen hochgeschätzte, aber eigenwillige Karl Ruhrberg zu spüren bekam. Ludwig bugsierte dessen Direktorensessel kurzerhand vor die Tür. Ludwig verstand es meisterlich, seinen Namen als Mäzen auch in solchen Städten zu verewigen, die gierig bereit waren, ihre schönsten Räume für die Bebilderung mit seinen Preciosen zu öffnen: »Ludwig Galerie Schloß Oberhausen«, »Ludwig Forum für internationale Kunst« in Aachen, »Ludwig Museum im Deutschherrenhaus« in Koblenz: Für die vielen Besucher der diversen Ludwig Museen hat sich die exzessive Eitelkeit des Mäzens immerhin kapitalisiert – als Kunsterlebnis. Die Eitelkeit des Ludwig-Duos kulminierte in zwei Plastiken ausgerechnet von Nazibildhauer Arno Breker.

Die amerikanische Tradition selbstlosen Mäzenatentums der begüterten Schichten ist ein mit gehöriger Nostalgie verlöschender Silberstreif am Horizont Zukunft geworden. Daran zu erinnern verpflichtet uns der Tod des 92-jährigen Milliardärs Paul Mellon Anfang des Jahres 1999. In sechs Dezennien hat er selbstlos mehr als hundert Millionen Dollar für die Künste und ihre Institutionen gespendet.

Paul Mellons Vater Andrew Williams, erfolgreicher Bankier und zeitweiliger Finanzminister der USA, hatte 1937 in Washington D. C. noch den Grundstein für die »National Gallery of Art« gelegt; den Schlüssel für das von ihm finanzierte Gebäude übergab der Sohn 1941 an Franklin D. Roosevelt als Geschenk an die Nation und ihre citizens. 1978 fügte der Architekt Ieoh Ming Pei einen in seinen geometrischen Formen ästhetisch angemessenen Anbau hinzu, in dem Mellons bedeutende Sammlung der Kunst unseres Jahrhunderts Sinne und Intellekt der Besucher anregen sollte. Paul Mellon mußte keinen Geltungstrieb zähmen, indem er bewußt darauf verzichtet, als sein eigener Namenspatron für das Museum zu figurieren, für das er mehr als neunhundert kostbare Bilder und Objekte gestiftet hatte, darunter wichtige Werke von Picasso, Bonnard, Degas, Cézanne etc.

Kulturstiftungen als Alternative zu GUGGENHEIM?

Bei Guggenheim jedenfalls zählt Altruismus nicht zu den zehn Geboten wie weiland in Deutschland bei Städel oder Sprengel, als man Foundation noch korrekt mit dem Begriff Stiftung in des Wortes unschuldiger Bedeutung übersetzte. Der ehrenwerte Name der

Stiftung über dem Museumsportal war der einzige Gegenwert, der immerhin den Nachruhm sicherte. Der ›dahiesige Bürger und Handelsmann‹ Joh. Friedr. Städel stiftete seiner Vaterstadt Frankfurt eine umfangreiche Sammlung mit Gemälden aus dem 14. bis 19. Jahrhundert ohne Gegenleistung und ein respektables Museums-Gebäude dazu.

Der Industrielle und Sammler Bernhard Sprengel schenkte Hannover seine Picassos, Noldes, Klees, Kirchners und so weiter – ebenfalls ohne materielle Auflagen.

Die sogenannte selbständige Stiftung figuriert im Verwaltungsjargon als juristische Person, als Rechtsfigur, die durch eine rechtsfähige Organisation verwaltet, betreut und behütet wird. Die Formalien einer selbständigen Stiftung sind bei uns in §§ 80 ff. BGB geregelt – die steuerlichen Begünstigungen auch. Diese müssen allerdings dringend verbessert werden, um gutsituierte Bürger nicht in ihrem Stiftungsdrange zu behindern.

Damit Mäzenatentum und Stiftungsethik in Deutschland nicht zum Anachronismus degenerieren, haben kunstsinnige Unternehmer vom Kaliber Reinhold Würth in Künzelsau, Ginni Götz in München-Bogenhausen oder Frieder Burda aus Baden-Baden sich zur Nachahmung empfohlen. In den Neubau des Verwaltungsgebäudes seiner Schraubenfabrik hat Würth ein Museum für moderne Kunst integriert. Nach dem Vorbild der Deutschen Bank, die in jedem ihrer 32 Stockwerke in Frankfurt über ein permanentes Ambiente mit Kunstwerken die Wahrnehmungsfähigkeit der Mitarbeiter sensibilisieren möchte, hat Würth in dem zum Himmel offenen Mitteltrakt ein Museum eingerichtet, um seine Mitarbeiter mit Kunst vertraut zu machen. In Emden, im tiefen Norden Deutschlands, hat Henri Nannen, bis 1980 Chefredakteur des ›stern‹, eine Kunsthalle gestiftet samt einer ansehnlichen Bildersammlung.

Ginni Götz hat im Herzen von Bogenhausen ein kleines – aber feines – Juwel eines Avantgarde-Museums eingerichtet, in dem neben der ziemlich kompletten arte povera auch die Avantgarde von heute ein zuhause findet.

Oder Frieder Burda, um es bei diesen vier Beispielen für eine ungebrochen altruistische Stiftergesinnung bewenden zu lassen: Der mittlere Sproß der Burda-Dynastie materialisiert seinen Bürgersinn als sammelnder Stifter, indem er, leider nicht in Deutschland, sondern an der Côte d'Azur, in Mougins, ein Museum auf eigene Rechnung baut. An den zunächst nur als Planpausen existierenden Wänden sollen aus Burdas Privatbesitz – später deutlich über hundert – Bilder und Papierarbeiten von Gerhard Richter, Sigmar Polke, Georg Baselitz, Arnulf Rainer einem internationalen Publikum zugänglich gemacht werden. Auch expressionistische Werke von Kirchner, Macke oder Beckmann sollen das Interesse nicht nur der Kunstkenner auf sich lenken. Als Krönung dieses von den Größenverhältnissen her am Twombly-Museum in Houston orientierten Bau dürfte ganz sicher das Picasso-Kabinett gefeiert werden: Hier wird Frieder Burda einen wichtigen Ausschnitt des in Mougins entstandenen Spätwerks Pablo Picassos präsentieren. Das Jahrhundertgenie hatte seine letzten Lebensjahre von 1961 bis 1973 hier verbracht.

Ganz anders beurteilen sich Stiftermoralitäten aus der Sicht des Sammlers Lothar-Günther Buchheim. Nachdem alle Verhandlungsmarathons mit den Städten Duisburg, München, Weimar, Halle und so weiter im Sande verliefen, obwohl der hallensische Oberbürgermeister sein Liebeswerben in Buchheims Kür zum Ehrenbürger hatte kulminieren lassen, bekam Feldafing Buchheims Zuschlag. Hier sollten sich sein Traum eines »Museums der Phantasie« und dermaleinst Friedrich Schillers schöne Verheißung erfüllen lassen: Nach dem Tode »lebt der große Name noch«. Als eine blindwütige Bürgerinitiative die ehrgeizigen Pläne durchkreuzte, bot der Bürgermeister des Nachbardorfes Bernried Asyl auf kommunalem Acker am Ufer des Starnberger Sees – mit eigenem Landesteg. Der Fiskus des Freistaates ›stiftet‹ siebenundzwanzig Millionen, die restlichen zehn ein spendabler Sponsor – und Buchheim seine Bilder.

Mit der endlich einzuleitenden Renaissance des Stiftungswesens und einer Revision des Stiftungsrechts würde Guggenheim in

Deutschland überflüssig. Die Aufmerksamkeit würde stärker gelenkt auf das Wirken von starken ›proaktiven‹ gesellschaftspolitischen Stiftungen, wie der Bertelsmann-Stiftung: Sie wartet nicht, bis jemand sie anschnorrt, sie sucht sich selber die Themen, die sie bearbeiten und reflektieren möchte (und praktiziert damit das, was in der Kunst die Mäzene und Stiftungen ohnehin immer taten). Welche Rolle die Soros-Stiftung in den letzten Jahren in Mittelost- und Osteuropa spielte, das werden uns erst die Historiker aufweisen können. Wir freuen uns darüber, daß es diese Stiftungen gibt. Sie ermöglichen vieles, was sonst ungeschehen bliebe. Sie repräsentieren ein Element von Vielfalt – wenn auch in Grenzen: Da ihre Erfolge immer mit der Verfügung über (viel) Geld verbunden sind, lassen sich gewisse Akzentuierungen nicht vermeiden. *Ein* Reemtsma bedeutet noch keinen Sommer der sozialpolitischen und gesellschaftlichen Stiftungsvielfalt, so spannend und wichtig auch die Aktivitäten seiner Stiftung sind: Die Wehrmachtsausstellung hat bewiesen, wie bedeutend die Anregungen sein können, die eine einzige solche Stiftung realisieren hilft.

Der Staat, wenn er sich – dem neoliberalen Denken entsprechend – unter Hinterlassung der bürokratischen Bedingtheiten und Zwänge aus dem öffentlichen Kulturbetrieb zurückgezogen hat, versucht zurechtzukommen, indem er den nichtstaatlichen Akteuren blindlings das Feld des Handelns überläßt. Freilich muß er sich dann auch Gedanken darüber machen, ob er sich das Ruder auch über die Autonomie seiner Kunstinstitutionen endgültig aus der Hand schlagen lassen will, anstatt die Krise als Instrument der Erneuerung zu nutzen. Wir haben die Problematik am Beispiel der öffentlichen Finanzmärkte nachvollziehen können. Erst lassen Währungsspekulanten die Muskeln spielen und bringen ganze Volkswirtschaften durcheinander, um dann nach der ordnenden Hand zu rufen, die den internationalen Finanzmärkten Korsett-Stangen einzieht.

Jenseits aller Stehsatzphrasen von Politiker-Festreden und jenseits aller journalistischen Kommentare über die wohltätige Rolle der

Stiftungen muß doch wohl der Staat als Repräsentant einer demokratisch legitimierten Öffentlichkeit sich überlegen, was er für wert und also für förderungswürdig hält. Er bedarf dazu des Diskurses einer kompetenten kulturellen Öffentlichkeit; aber die entsteht nur real und lebendig vor Ort, nicht mit Kulturmissionarismus nach dem Guggenheim-Prinzip.

Daß Peggy Guggenheim ihr Vermögen der traurigen Tatsache verdankt, daß Vater Benjamin Guggenheim 1912 mit der ›Titanic‹ sein nasses Grab im Atlantik fand und, erfreulicher, der Tochter seinen Besitz hinterließ, ist ein historischer Zufall. Er ruft uns jedoch eine alte Erfahrung in Erinnerung: Auch das, was sich groß, sicher und unverletzlich fühlt, währt nicht ewig.

Letzte Meldung, Weimar, März 1999
Ben P. Hartley vom Guggenheim Museum bezeichnet seine Foundation großspurig als »einziges internationales Museum der Welt«. Ein riesiges Sponsorenteam sei professionell rund um die Uhr und um die Welt damit beschäftigt, Gelder einzuwerben, die nicht nur die jährlich 30 Ausstellungen finanzieren, sondern auch das System. Als Argument für garantierbaren Erfolg ködern die Guggenheimer mit ihrer Statistik: 68 % der Museumsbesucher erinnerten nicht nur den Namen der Sponsormarke, sondern bewerten ihn auch positiver als zuvor. Auch für illustre Parties öffnet Guggenheim gegen entsprechendes Entgelt seine Pforten. So konnte sich die Deutsche Telekom damit brüsten, Liza Minelli habe im Guggenheim New York für eine Summe gesungen, für die jemand sein Leben lang telefonieren könne. Die Disneylandisierung scheint unaufhaltsam.

Jean-Christophe Ammann

Das »Guggenheim-Syndrom«

oder Das Erstarren der Maus vor der Schlange

Kurz nach der Wende begegnete ich Thomas Krens, dem Direktor des Guggenheim Museums, bei einem Essen in Frankfurt. Wir kamen auch auf die NATO zu sprechen und auf deren Aufgabe in einem Europa, das seines Hauptgegners verlustig gegangen war. Ich schlug ihm vor, daß das Guggenheim Museum die NATO ersetzen solle. Anders ausgedrückt: daß ein kulturelles Denken das militärische ersetzen soll. Er schaute mich erstaunt an und fragte: »Do you mean that really?« Das Guggenheim Museum in Salzburg nach Plänen von Hans Hollein war eben in die öffentliche Diskussion geraten. Von Bilbao hatte ich noch nicht gehört. Daß Bilbaos Stadtväter Thomas Krens um Rat und Tat gebeten haben, ehrt sie. Sie haben mit ›strategischem Blick‹ und hoher Investitionsbereitschaft ein Stück Zukunft geschaffen. Frank O'Gehrys Museum ist nicht nur eine Hülle. Ausstellungen von Rang entstehen in Kooperation mit dem Guggenheim Museum. Der Auftrag, eine eigene Sammlung zu errichten, in Verbindung mit Leihgaben aus der immensen Sammlung des Guggenheim Museums, ist Teil des Kooperationsvertrages.

Die ursprüngliche Idee von Thomas Krens ist schlüssig: Hochkarätige Werke, die in einem Depot schlummern, gleichen einem Strumpf voller Dukaten. Es handelt sich um ein nicht aktiviertes Kapital. Davon ausgehend, daß Architektur und Kunst die einzigen sichtbaren und authentischen Zeugen der Geschichte sind, entwarf er die Devise: »Baue ein hochkarätiges Museum und ich leihe dir in Verbindung mit der eigenen Sammlung, die du einzurichten hast, hochkarätige Werke.« *Zeitgeschichte am Beispiel von Kunstwerken zu erforschen gehört mit zu den spannendsten Aufgaben!*

Von solchen Höhenflügen ist im Folgenden nicht die Rede. Vielmehr geht es darum, die Situation im eigenen Land pointiert unter die Lupe zu nehmen. Die Frage nach dem Stellenwert der Kultur stellt sich ebenso wie die Frage, was wir von den Amerikanern lernen können, deren Kulturfinanzierung gänzlich auf der Initiative Dritter beruht.

Seit Kommunen und Länder in Deutschland – mit löblichen Ausnahmen – ihre Museen ausbluten lassen, haben wir das Problem, daß uns die investiven Mittel fehlen. Wer immer eine großangelegte Ausstellung plant und realisieren will, muß die Mittel selbst beschaffen. Die Tatsache, daß sich Bund, Länder und Gemeinden immer mehr auf hoheitsrechtliche Bereiche zurückziehen und zurückziehen müssen, Politik aber weiterhin in der Sicherung von Wählerstimmen besteht, hat die Kultur ins Abseits manövriert, in erster Linie jene, die sich mit dem Denken der Gegenwart auseinandersetzt. Die Auseinandersetzung mit der Gegenwart in den Künsten ist für Politiker deshalb kein Gewinn, weil bei leeren Kassen eine kulturelle Auseinandersetzung dieser Art für den statistisch relevanten Stimmbürgeranteil nicht von Bedeutung ist. Daß diese Rechnung nie und nimmer aufgehen wird, wissen wir alle. Die politisch orientierten Bildungsinitiativen zielen im wesentlichen auf Wissenschafts- und Technologiezentren. Daß das Lernen, Lesen und Verarbeiten von Bildsprachen heute fast so wichtig geworden ist wie das Lesen der Wortsprache, findet bei Politikern wenig Widerhall. Sie schieben dieses Problem auf die Schule ab, eklatant verkennend, daß die Bildsprache den Bereich der bildenden Kunst ebenso einschließt wie Film und Werbung. (Das Agieren über Verbote – siehe BENETTON-Werbung – zeigt den deutlichen Nachholbedarf.) Die politischen Parteien jeglicher Couleur sind sklerotisch geworden. Da sie weltfremd wie der Papst agieren, werden sie, um Gorbatschow zu paraphrasieren, vom Leben bestraft.

Es ist eben wirklich so: Die Politiker gestalten, wenn sie Geld verteilen können. Sie erweisen sich als gestaltungsunfähig, wenn die Mittel knapp werden. Die Politik hat bewußt Abhängigkeiten geschaffen, denn damit verbindet sie Macht. Diese Abhängigkeiten lasten ihr heute wie ein Mühlstein am Hals. Nach dem Prinzip des Rasenmähers versucht man, das Gewicht gleichmäßig zu verringern. In der Kultur läuft das häufig so ab: Dort, wo die Spielräume sowieso gering sind, haben die Jahr für Jahr vorgenommenen Einsparungen rasant zum Treten auf der Stelle geführt. Wer aber immer auf der Stelle tritt, fällt nicht nur zurück, er nimmt auch psychologisch Schaden, er resigniert im schlimmsten Fall.

Zu beobachten sind heute zwei Tendenzen: zum einen Kommunen, die ihr Gemeinwesen durch Restrukturierung in den Griff zu bekommen versuchen, die überparteilich gewillt sind, diesem Gemeinwesen ein Profil zu verleihen. Sie handeln unter *synergetischen* Gesichtspunkten, dahin gehend, daß jeder Teil das Ganze enthält. Das Problem ›Sicherheit‹ beispielsweise ist keineswegs nur eine Sache der Polizei und der Justiz, sondern impliziert die intelligente Erschließung von Stadträumen und die Vielfalt der Infrastruktur. Hierzu gehört eine kontinuierliche Öffentlichkeitsarbeit, die eben nicht bei den Ortsvereinen Halt macht. Dieses *identitätsstiftende* Modell enthält den Faktor Kultur als den größten gemeinschaftlichen Nenner, im Sinne eines Katalysators. Die häufige Diskriminierung von Kultur als reinem Standortfaktor ist deshalb kurzsichtig, weil, wie der Wirtschaftstheoretiker *Leo Nefiodow* feststellt, der Mensch ins Zentrum des Innovationsgeschehens rücken wird. (In: *Der sechste Kondratieff*, St. Augustin/Bonn 1997, S. 158.) Es ist unbestreitbar, daß der Faktor Kultur bei der Wahl eines Standortes mitentscheidend ist. Und Kultur meint hier, das sei nachdrücklich betont, nicht Entertainment, sondern die Bereitschaft, das unternehmensspezifische Umfeld nach vielen Seiten hin zu erweitern.

Die zweite Tendenz besteht darin, daß jede Institution, jedes Dezernat im Überlebenskampf bestrebt ist, das Maximum für sich selbst herauszuholen. Der Zusammenhalt in der Kommune ist in einem Maße brüchig geworden, daß die allgemeine Richtung fehlt. Weil die Wirtschaft die Politik überrollt hat, fühlt sich die Politik entmachtet, somit hilflos. Sie konzentriert sich nach ›Maßgabe des Haushaltes‹, von den Gemeinsamkeiten entkoppelt, geradezu obsessiv auf die jeweils eigenen Bereiche und meldet Erstaunen an, wenn es dann in der Kommunikation zu massiven Problemen kommt, die von der Öffentlichkeit nur noch mit Kopfschütteln quittiert werden. Wie holzschnittartig auch immer diese Ausgangssituation skizziert sein mag, sie entspricht persönlichen Erfahrungen. Unternehmer und Politiker haben nicht viel gemeinsam. Sie gehen sich höflich aus dem Weg. Zu vieles trennt sie. Was der eine unter Stoßrichtung versteht, deutet der andere um in Streuung. Die Komplementarität der beiden Kräfte ist jedoch unumgänglich. Das wissen beide Seiten. Die Streitfrage ist und bleibt, unter welchen Bedingungen Stoßkraft und Streuung kompatibel sind.

Als Kulturschaffende und Institutsleiter wollen wir die Stoßkraft, und wir wollen sie streuen. Das ist unser Anliegen, das ist unser Auftrag! Ein aufklärerisches Moment bindet uns an diesen Auftrag. Und weil sich das Gemeinwesen, qua Politik, nicht mehr in der Lage sieht, uns diese Möglichkeit zu verschaffen, müssen und wollen wir uns mit den Dritten, den Unternehmen und den aufgeschlossenen Bürgern, kurzschließen. Es gibt eine Logik, der, meiner Meinung nach, nicht widersprochen werden kann: Enthierachisierung, Dezentralisierung und Outsourcing haben das Profil schöpferischer Kompetenz neu definiert. Wer immer Verantwortung trägt, ist auf Ideen angewiesen. Diese Ideen sind nicht nur hausintern zu generieren, sie setzen eine radiale Empfänglichkeit voraus, die nur durch einen hohen Standard kultureller Prägung möglich ist. Es liegt im genuinen Interesse der Unternehmen, daß das kulturelle und kommunikative Umfeld in einem Maße angereichert ist, daß das Ideenpotential nicht nur verfügbar, sondern auch ›offensichtlich‹ ist. Formal und allgemein sind unsere Ansprechpartner die Unternehmer, inhaltlich gesehen und im besonderen sind es deren qualifizierte MitarbeiterInnen. Jede und jeder einzelne. Das permanente Lernen, voneinander lernen, ist das Gebot der Stunde.

Die Unternehmen haben aus der Ohnmacht des Staates gelernt. Auch wenn immer noch jede zweite Mark über den Staat geht, haben sie die Notwendigkeit der Kultur als Katalysator erkannt, vor allem aber, daß das Individuum als Kunde zu betrachten ist. Die Rede ist von den großen Unternehmen. Viele der mittleren und kleinen Unternehmen müssen dies noch lernen. Entscheidend ist immer, ob im Vorstand ein Pionier sitzt. Das grundsätzliche Problem aber ist anderer Natur. Während in den USA die Unterscheidung zwischen Sponsoring und Marketing gang und gäbe ist, läuft hier noch vieles allein über die Marketingschiene. In den USA hat die Sponsoringabteilung mit Öffentlichkeitsarbeit zu tun, die die Produktwerbung, das Marketing, nur insofern berührt, als die Imagewerbung den kulturellen Resonanzraum für die Produktwerbung schafft. Imagewerbung ist nicht nur Logowerbung, sondern zeichnet die soziale und kulturelle Verantwortung des Unternehmens in öffentlichkeitswirksamen Bereichen aus. Wer immer mit Marketing zu tun hat, bezieht sich auf Meßdaten, welche die Marktforschung erarbeitet. Aber gerade im kulturellen Bereich sind Messdaten schwierig zu eruieren, vor allem dann, wenn nicht eine Ausstellung vom Typ ›Chagall‹, ›Modigliani‹, ›Picasso‹ oder ›Schiele‹ ansteht. Deshalb sind Marketingleiter von Natur aus nicht die Ansprechpartner für das Sponsoring. Dieses obliegt häufig immer noch dem Vorstand, der mal so, mal anders entscheidet. Unternehmen mit Sponsoringabteilungen entwickeln in Abstimmung mit dem Vorstand Prioritäten: Aktionsfelder, die oft in scheinbarem Widerspruch zu den Produkten erscheinen, werden in der Imagewerbung gebündelt, weil es darum geht, übergreifende Konsens-Strategien zu entwickeln. Da Sponsoringaufwendungen genauso wie Aufwendungen für Marketing steuerlich als Werbekosten absetzbar sind und das Image eines Unternehmens nicht nur die gesellschaftliche, sondern auch eine kulturelle Akzeptanz impliziert, sehen gerade die Unternehmen die Chance, sich die Defizite des Staates zunutze zu machen. Die Unternehmen vor Ort haben erkannt, daß sie, jenseits von Steuerabgaben, aktiv für das Gemeinwesen tätig werden müssen. Daß dies nach dem Motto »Tue Gutes und rede darüber« geschieht, finde ich hervorragend, weil damit ein Mobilisierungseffekt verbunden wird.

Das viertgrößte Unternehmen in Deutschland baut in Düsseldorf ein neues städtisches Kunstmuseum und stattet es mit einem großzügigen Ausstellungs- und Ankaufsetat aus. Eine Großbank in Frankfurt verdoppelt jede Mark, die das Gemeinwesen für die Korrektur eines zum Teil desolaten Stadtbildes aufbringt. Selbständige, der Zustiftung offene Stiftungen werden ins Leben gerufen, um die Künstlerförderung, die der Staat nicht mehr zu leisten vermag, voranzutreiben. Ungeduldig richtet sich der Blick auf die Bundesregierung, die bisher nicht imstande war, ein wahrhaft stiftungsfreundliches Gesetz in die Wege zu leiten. Das Museum für Moderne Kunst in Frankfurt wäre ohne die Hilfe von Dritten völlig hilflos, besitzt es doch, wie die anderen Museen in dieser Stadt, seit den frühen neunziger Jahren weder einen Ausstellungs- noch einen Ankaufsetat. Zudem muß es seine gesamten Einnahmen für die Bezahlung der Aufsichten aufwenden.

Manchmal sind Stimmen zu hören, die sagen, die Sponsoren würden im Vergleich zu den Aufwendungen der Stadt überproportional erwähnt. Aber vergessen wir nicht, daß gerade diese Summen den *Aktionsradius* überhaupt erst ermöglichen. Ohne diesen Aktionsradius wäre das Treten auf der Stelle unausweichlich. Mit den USA können und wollen wir uns weder vergleichen noch konkurrieren. Wir haben andere Systeme (Steuern) und andere Traditionen. Die *kulturelle Dichte* in der BRD ist im Vergleich zu den USA immens. Die kulturelle Dichte ist konstitutiver Teil dieses Landes. Weniger die Politiker, als vielmehr die Unternehmer erkennen mehr und mehr, daß die Ausdünnung der kulturellen Dichte nicht nur ökonomische Folgen hat, sondern auch Verwerfungen gesellschaftlicher Natur bewirkt.

Da die Politik zutiefst verunsichert und ihr unternehmerisches Denken fremd ist, müssen Unternehmen und Politik einen Weg finden, der den Gemeinwesen in einem Europa der gemeinsamen

Währung eine unverwechselbare Chance gibt. Viele Kommunen sind schlicht und einfach am Ende, die Politiker überfordert. Dies kann kein Dauerzustand sein. Dem Turbokapitalismus freien Lauf zu lassen ist nicht die Lösung, einem Ausstellungsagenten die fremdfinanzierten Ausstellungen in einem Museum schlicht und einfach nach dessen Bedingungen zu überlassen, eine noch schlechtere Alternative. Jedoch kündigt sich eine Strategie an, die darin besteht, sogenannte Freelances zu engagieren, die im Namen einer Institution Ausstellungen organisieren. Präziser gesagt: Es könnte sich um Freelance-Teams handeln, die Vorschläge unterbreiten, Mittel generieren, also Know-how mit kunsthistorischer Kompetenz in ein Projekt investieren. Mit anderen Worten: Die Museen mit ausgedünnten Etats und ausgedünntem Personal stellen ihre Häuser und ihren Namen für Projekte zur Verfügung, die im Sinne des Outsourcings von Teams inhaltlich und organisatorisch übernommen werden.

Ich betrachte dies als eine positive Entwicklung. Da Werkverträge durch Sparmaßnahmen wegfallen, ja sogar die Mittel für Volontärstellen gestrichen werden, die Museumsarbeit selbst im wissenschaftlichen und im Dienstleistungsbereich Energien bindet, ist die *Selbstorganisation* von kunsthistorischen Kräften ein dringliches Anliegen. Das ist in der Tat nichts Neues, denn Spezialisten wurden immer aufgefordert, ihr Wissen in Ausstellungen einzubringen. Neu ist die Schaffung eines flexiblen Teams, das das gesamte Spektrum eines Ausstellungsunternehmens in Verbindung mit einer Institution abdeckt. Mitglieder solcher Teams sind allein schon durch ein verändertes Studium, beispielsweise BWL/Kunstgeschichte, öffentlichkeitsorientiert und dadurch beweglicher, um mit der Marketing- und der Öffentlichkeitsabteilung eines Unternehmens zu verhandeln. Ansätze hierzu gibt es schon heute. Wenn Ford/Köln eine Jasper Johns-Retrospektive im Museum Ludwig vollumfänglich sponsert, engagiert das Unternehmen einen Art-Consultant, dessen Mitarbeiter ausgewiesene Fachkräfte sind. Ich bin recht zuversichtlich, daß in den größeren Städten durch die Lernfähigkeit und die Beweglichkeit der

Institutsleiter das qualitative Angebot der Ausstellungen gewahrt werden kann. Schwierig, ja extrem schwierig wird es für kleinere Städte. Der Kulturdezernent von Minden, einer Stadt mit 75 000 Einwohnern, sagte mir kürzlich, daß ihm über den Zeitraum von wenigen Jahren zwei Drittel seines Etats weggestrichen wurden. Hier sehe ich eine echte Gefahr. Gerade in Städten dieser Größenordnung ist der synergetische Impuls zwischen ortsansässigen Unternehmen und der Politik ein Gebot der Stunde.

Ausstellungen haben sowohl bei Politikern als auch bei Unternehmern einen hohen Öffentlichkeitswert, weil die Medien darüber berichten. Das Pressedossier am Schluß einer Ausstellung wird häufig als Meßlatte für ihren Erfolg dargestellt. Stimmt das? Ich meine, nur zum Teil. Das kann so sein, muß aber nicht. Die *Mundpropaganda* ist ein nicht zu unterschätzendes Vehikel. Ein dickes Pressedossier ist nicht gleichbedeutend mit hohen Besucherzahlen. Und wir reden hier von qualitativ hochstehenden Ausstellungen! Dasselbe trifft für den Verkauf der Kataloge zu.

Deprimierend ist es, wenn heute Politikern sogar die Wertschätzung für Ausstellungen als öffentlichkeitswirksame Sinnstiftung abhanden kommt (siehe Frankfurt am Main).

Schwierig wird es bei *Ankäufen*. Ich sage es einmal so: Die Politiker trauen ihren Museumsleuten nicht. Und die Unternehmer können sich mit einzelnen Werken zu wenig öffentlichkeitswirksam präsentieren. Wiederum spielen die Medien hier eine entscheidende Rolle. Sie interessieren sich für spektakuläre und entsprechend teure Ankäufe, aber der stete Aufbau einer Sammlung steht weit hinten an. Zugegeben: Medial ist ein solcher Prozeß schwer zu vermitteln. Dennoch bin ich der Überzeugung, daß hier Pionierarbeit geleistet wird, mehrheitlich mit Mitteln von Fördervereinen. Das stete Lamentieren über das Ende der Kunst und daß es in der Kunst nichts Neues gäbe (siehe Eduard Beaucamp und Henning Ritter in der Frankfurter Allgemeinen Zeitung) erfolgt aus dem Blickpunkt allgemeiner Unübersichtlichkeit, jedoch nicht aus der Beurteilung dessen, was engagierte private Sammler und Institutsleiter erwerben. (Übrigens bin ich der Überzeugung, daß die allgemeine Unübersichtlichkeit in keiner Weise gegen die Kunst spricht. Aber es ist eben schwierig geworden, Konsistenz zu eruieren, wenn die Lage nicht mehr vom Feldherrnhügel beurteilt werden kann.)

Dies muß ein für allemal deutlich gesagt werden: Die Haltung der Ausstellungsmacher, die experimentelle Forschung betreiben, ist eine andere als die der Sammler, im öffentlichen wie im privaten Bereich, wobei letztere von den ersteren sicherlich auch profitieren. Das Museum und seine Sammlung ist und bleibt das kollektive Gedächtnis, und die Werke Teile der kollektiven Biographie.

Nehmen wir eine Stadt wie Düsseldorf. Sie hat es Ende der sechziger Jahre auf eine unsägliche Art und Weise verpaßt, eine der bedeutendsten Sammlungen deutscher Gegenwartskunst zu schaffen. Für Düsseldorf sprang mit einem Minibudget Krefeld ein. Wie so oft liegt das Problem bei den personellen Entscheidungen seitens der Politik, oder es läßt sich an generationenspezifischen Prioritäten festmachen. (Arnold Rüdiger beispielsweise, der 1955 Pollock in der Kunsthalle Basel zeigte, weigerte sich vehement, der Pop Art Zugang in sein Haus zu gewähren ...)

In Deutschland schwelt ein Konflikt zwischen Staat und Wirtschaft. Ich behaupte, daß die Lernbereitschaft der Wirtschaft größer ist als jene der Politik. Häufig gibt die Politik Lernbereitschaft nur vor. Sie entwickelt beispielsweise unternehmerischen Geist, aber bestenfalls für die Dauer einer Legislaturperiode. Die Angst vor dem Machtverlust führt zu GmbHs mit staatlicher Defizitgarantie ... Das ›Guggenheim-Syndrom‹ kann letztendlich nur als Hinweis verstanden werden, daß wir es anders anpacken müssen, auch in Anbetracht der Tatsache, daß dieses Land eine gewaltige Leistung für die neuen Bundesländer erbracht hat. Tausend Milliarden Mark wurden ab 1989 transferiert. Man stelle sich vor, wie die BRD ohne diese Transferleistungen im heutigen europäischen Kontext dastünde.

Die Erkenntnis aus dem Gesagten: Aufgeschlossene, neugierige und weltoffene Menschen sind gefragt, Männer und Frauen, die bereit sind, Verantwortung zu tragen, die bereit sind, parteiübergreifend zu denken, die intellektuell und *intuitiv* befähigt sind, die Zukunft aus der Gegenwart heraus zu denken, die souverän zu delegieren wissen, die keine Berührungsängste haben, auch dann nicht, wenn es ans Eingemachte geht.

Ich weiß, man kann dies alles als rhetorische Floskeln deuten. Jeder kann dies sagen, und häufig sagt es jeder, weil der Zeitgeist es so will. Aber wenn es dann wirklich um das *Umdenken* geht, stehen die Worte plötzlich allein im Raum. Klaus Töpfer sagte mir einmal, damals, als es darum ging, den Umzug von Bonn nach Berlin zu planen und zu realisieren, daß von den vielen, die ihn anfangs mit Feuer und Flamme unterstützten, nur noch wenige übrig geblieben sind. Der von Roman Herzog angesprochene »Ruck durch die Nation« ist weiterhin gefordert.

Heinrich Klotz

Thomas Krens und das Guggenheim

Es mag wie ein Ablenkungsmanöver erscheinen, über einen Menschen zu sprechen, wenn es doch um objektive Zusammenhänge geht. Das Guggenheim Museum und seine heutige Struktur ist aber nur verständlich, wenn der Leiter der Guggenheim Foundation, Thomas Krens, als Person mit ins Spiel gebracht wird. Denn als Thomas Krens seinerzeit die Leitung des Guggenheim Museum übernahm, war es vor allem auch die Person, die die Öffentlichkeit irritiert und manchen Berichterstatter in die Offensive getrieben hat, die dann auf die Institution übertragen wurde. Mit den Aggressionen gegen Krens entwickelten sich auch zusehends die Aggressionen gegen das Guggenheim. Unter Tom Messer hingegen, dem Vorgänger von Thomas Krens, war alles in Ordnung; ein liebenswürdiger europäischer Emigrant führte Jahrzehnte die Geschäfte, machte gute Ausstellungen, darunter die bedeutende Beuys-Ausstellung, sorgte sich um Sponsoren und brachte sogar den Erweiterungsbau des Guggenheim auf den Weg, hinterließ jedoch auch ein Millionen-Dollar-Defizit. Die ersten Taten des neuen Leiters verbanden sich also mit Unannehmlichkeiten, wie dem Ausgleich dieses hohen Defizits und der Durchsetzung eines Gebäudes, das auf schärfsten öffentlichen Widerspruch stieß.

Ich lernte Krens als Besucher des Deutschen Architektur Museums in Frankfurt am Main bei Eröffnung im Jahre 1984 kennen. Vor mir stand ein Zweimetermann, recht finsteres Gesicht, doch dann im Gespräch nüchtern, freundlich. Er erklärte mir, daß die Architektur und das Design in seinem Museum hinzukommen müßten, um das gesamte Panorama der Künste zur Darstellung zu bringen. Ich hatte solche Überlegungen von Seiten eines deutschen Museums-Direktors noch nie gehört und freute mich über seine Offenheit gegenüber allen Künsten. Ich selbst hatte immer wieder vertreten, es müsse ein Museum aller Künste in Deutschland geben, ähnlich wie das Museum of Modern Art in New York, das seit 1931 das gesamte Panorama der Künste in seine Sammlungspolitik und seine Ausstellungen eingeschlossen hatte.

Thomas Krens mit der spanischen Königin Sophia bei der Eröffnung des Guggenheim Museum in Bilbao 1997.

Krens stellte sich vor als Leiter des Kunstmuseums Williams College in Williamstown. Wo war das? Und was für ein Museum war das? Krens zeigte mir zur Antwort die fertigen Baupläne für den Erweiterungsbau des Museums von Charles Moore. Es waren staunenswert schöne und wohlüberlegte Baupläne. Das Museum stand bereits zur Einweihung fertig. Krens lud mich zur Eröffnung ein. Zuvor aber fuhren wir nach Schaffhausen, wo ich ihm das Kunstmuseum in der Fabrik zeigte, das ihn sehr beeindruckte. Auf der Autobahn zwischen Basel und Frankfurt kam ihm der Gedanke, eine große Fabrikanlage in der Nähe von Williamstown für gleiche Zwecke zu nutzen. Nun begann eine Odyssee, die sich über Jahre hinzog und die mich selbst in Pläne verwickelte, die mir zunächst als reine Utopie erschienen.

In Williamstown lernte ich Krens näher kennen und fand bald heraus, daß er zwei Gesichter hatte. Seine Erscheinung als business man im gray-flannel-suit war die eine Seite seines Wesens. Er war schließlich von einer der feinsten Hochschulen für Wirtschafts-Wissenschaften diplomiert worden, der Yale-Business-School. Doch hatte er zuvor ein Kunststudium absolviert. Er war auch Maler. Und das war die andere Seite seines Wesens, von der nur wenige wissen. Einige seiner Bilder hingen im Wohnzimmer seines schönen Hauses in Williamstown. Am dortigen College hatte er ein Künstler-programm inauguriert und Helen Frankenthaler, Jim Dine und andere bekannte amerikanische Maler als Gastkünstler eingeladen. Er betreute dieses Gastkünstlerprogramm mehrere Jahre. Gleichzeitig baute er das Museum in Williamstown auf, verpflichtete Charles Moore und geriet in die Diskussion um die postmoderne Architektur, die auch in den Vereinigten Staaten sehr kontrovers geführt wurde.

Nach einiger Zeit erhielt ich die Einladung zu einer Gastprofessur am Williams College, die ich für ein Semester annahm. Krens verband diese Einladung mit der Aussicht, die besagte leerstehende Fabrik in North Adams, 60 000 Quadratmeter Hallenfläche, in ein Museum umzubauen. Ich sollte für eine große Abteilung Architektur und Design, 10 000 Quadratmeter, Sorge tragen. Nun setzten vielfältige Verhandlungen ein, mit Politikern, vor allem auch dem damaligen Gouverneur von Massachusetts, Dukakis. Krens verstand es, eine Bürgerinitiative in North Adams zu begründen, die sich für den Umbau der Fabrik, durch Umweltgifte schwer belastet, einsetzte. Auch der Bürgermeister von North Adams sowie die örtliche Zeitung traten für dieses Projekt ein. Krens war in diesen Monaten ein sehr umgänglicher und freundlicher Propagator seiner Idee und wußte mit großer Überzeugungskraft ohne Umschweife auch die Politiker zu gewinnen. Ich lernte Krens als einen geradezu besessenen Rationalisten kennen, der sich keinerlei Gefühligkeit erlaubte, sondern immer vom Kopf her zu formulieren und zu überzeugen verstand. Er war unnachgiebig und machte sich Feinde, sobald er den einen oder anderen allzu anhänglichen Opportunisten links liegen ließ. Leider gab es nur allzu viele Mitläufer, die sich wichtig taten und von Krens zur Seite geschoben wurden. Diese gefährliche Aufrichtigkeit hat Krens immer geschadet, zumal er bei alledem einen heftigen Egozentrismus spüren ließ. Zu seiner Person sei noch erwähnt, daß er größten Wert darauf legte, als business man zu erscheinen, während er die künstlerische Seite seiner Natur ständig versteckte. Kaum je hätte ich erwartet, daß er an einer großen amerikanischen Ausgrabung auf einer griechischen Insel beteiligt gewesen war und die mit Tausenden von Details besetzten Ausgrabungspläne gezeichnet hatte, mit der sprichwörtlichen Engelsgeduld.

Ich war bereits einige Monate in Williamstown und tief in die Planung des Massachusetts Museum of Contemporary Art verwickelt, als er mir sagte, daß es nun darauf ankomme, die Künstler zu gewinnen. Nahe bei wohnten Elsworth Kelly und George Rickey, die wir als erste besuchten. Der Plan war folgender: Nach unserer Erfahrung haben Künstler häufig genug viele ihrer Arbeiten im eigenen Depot, manchmal im Atelier zur Seite gestellt. Wir zeigten Kelly die Pläne der Fabrik in North Adams und erklärten ihm, daß wir seine auf Lager stehenden Arbeiten dort ausstellen wollten. Kelly antwortete in seiner freundlichen Art, daß er sehr angetan sei, wenn es dazu käme, eine Art von Tageslicht-Depot aufzubauen. Rickey antwortete auf gleiche Weise. Wir hatten ein einfaches Rezept: Wir wollten die Kunst, die im Dunkeln deponiert ist, der Öffentlichkeit zum Genuß und zum Studium zugänglich machen. Krens besuchte auch Roy Lichtenstein auf Long Island, lud Clemente zu einem Vortrag an das Williams College ein und erhielt von beiden die Zusage mitzumachen. Bald kam auch Georg Baselitz hinzu. Ich sprach mit den Architekten

Peter Eisenman und Charles Moore. Alle waren sie bereit, ihre Bilder, Plastiken, Architektur-Modelle und Baupläne zur Ausstellung zur Verfügung zu stellen: langfristige Leihgaben. Elsworth Kelly sagte gleich 70 Bilder zu. Es war nun leichter geworden, auch die Politiker zu überzeugen. Dukakis kam mitten im Wahlkampf um die amerikanische Präsidentschaft und plädierte öffentlich vor der lokalen Presse für die Errichtung eines großen Museums, abseits von den großen Verkehrswegen, inmitten eines Wintersportgebiets, den Berkshire-Mountains. Das Mass. MOCA sollte nicht allein ein Museum werden, sondern mit vielen Freizeiteinrichtungen verbunden werden. Auch ein großer New Yorker Verlag hatte bereits zugesagt, sich in North Adams niederzulassen. Restaurants und sogar ein Nachtclub wollten sich in der Fabrik einrichten. Ein großes Hotel hatte einen Altbau innerhalb des Fabrikgeländes bereits ausgesucht. Es wurden ein umfangreiches Bauprogramm und eine sogenannte feasibility-study erstellt, in der auch das mögliche Publikumsaufkommen errechnet wurde. Dukakis sagte als eine erste Planungsrate 34 Millionen Dollar zu, die jedoch mit seinem Abgang aus der Politik nicht ausgezahlt wurden. Dennoch konnte Krens Mass. MOCA weiterplanen. Die Fabrik bestand aus eindrucksvollen, großflächigen Hallen mit gußeisernen Säulen und hohen Räumen. 30 000 Quadratmeter wurden herausgegrenzt, um das Museum aufzubauen. Die andere Hälfte der Räume, weitere 30 000 Quadratmeter, sollten für die übrigen Einrichtungen vorbehalten bleiben.

Inmitten der Planungsarbeit kam ein Brief aus New York, den mir Krens erst kurz vor meiner Abreise zeigte: Das Board of Trustees der Guggenheim Foundation hatte ihn zum Nachfolger von Tom Messer bestellt. Der Direktor eines Provinz-Museums und Planer einer schwer realisierbaren Utopie, Mass. MOCA, sollte Direktor eines der bedeutendsten Museen des Landes werden. Die Mitglieder des Board of Trustees waren lange auf Suche gewesen und hatten sich im Lande umgesehen. Einige Professoren der Yale University hatten Krens empfohlen.

Das Solomon R. Guggenheim Museum in New York, links ein Teil des neuen Scheibenbaus.

Krens fand einen Vertreter zum weiteren Aufbau von Mass. MOCA und ging wenig später nach New York, wo er mitten in die schwergewichtigen Auseinandersetzungen um den Neubau des Museums hineingeriet. Die Prominenz der New Yorker Kulturszene hatte sich in den Streit eingemischt, und es kam bald zu einem Anhörungsverfahren im Rathaus von New York, das Oberbürgermeister Koch einberufen hatte. Der Kampf gegen einen rückwärtigen Scheibenbau, der der Rotunde von Frank Lloyd Wright hinterlegt werden sollte, nahm zum Teil groteske Formen an. Das Verfahren, prominente Bürger der Stadt öffentlich anzuhören, um deren Meinung zum Erweiterungsbau zu erfahren, war für mich ungewohnt, ein typisches Resultat amerikanischer Demokratie. Jacqueline Kennedy, Roy Lichtenstein und insgesamt 50 New Yorker Bürger erhielten je 5 Minuten Redezeit, um ihre Ansicht darzulegen. Ich selbst war als Gutachter bestellt, da wir im Heizungskeller des Guggenheim Mu-

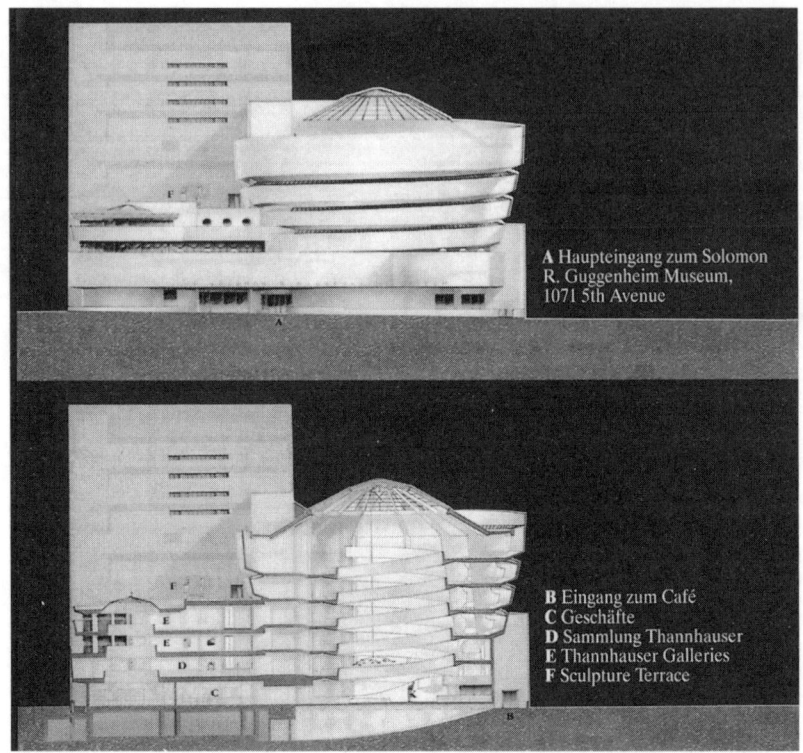

Guggenheim Museum, New York, Schnitte durch Rotunde und den Anbau.

seum die alten Baupläne Frank Lloyd Wrights gefunden hatten, die nun nahezu die gleiche Baustruktur zeigten, wie die von den jetzigen Architekten geplante Bauergänzung. Man konnte aus den Maßen der Rotunde und aus der gesamten Planungsauffassung Wrights ableiten, daß die Rotunde nicht isoliert hätte stehen sollen. Unsere Vermutung führte dazu, sogar nach den Fundamenten zu suchen, da nach Hörensagen der rückwärtige Anbau bereits begonnen war. Tatsächlich fanden wir die Fundamente, die genau paßten für eine solche Erweiterung durch ein Scheibenhaus. Ich hatte die Aufgabe, diesen Fund im Rat-

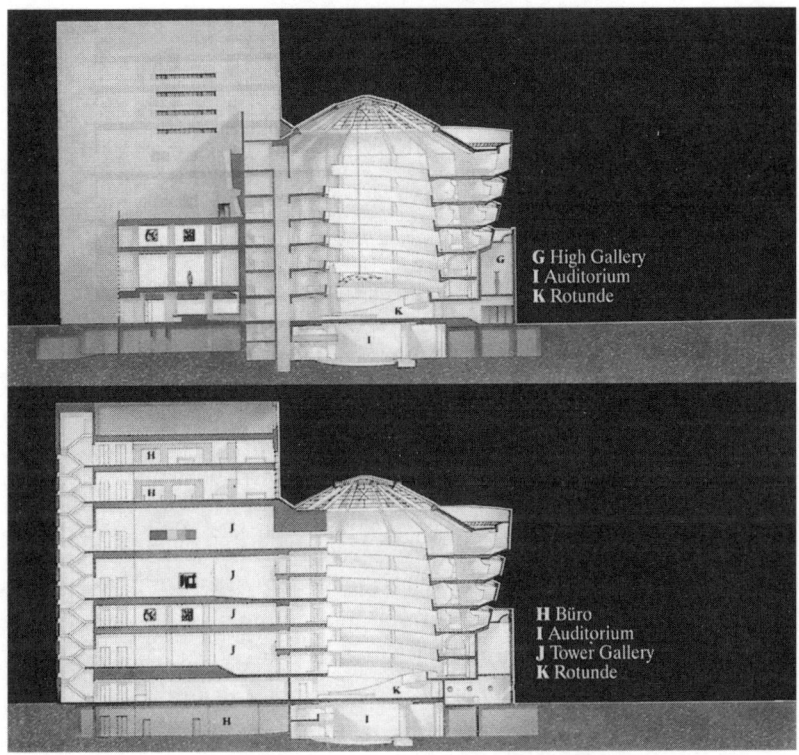

haus der New Yorker Öffentlichkeit vorzustellen. Damit waren unsere Argumente nahezu unwiderlegbar geworden, und die Gegenseite lenkte sehr bald ein. Der Erweiterungsbau konnte begonnen werden.

Doch er war zu klein. Neue Büros mußten untergebracht werden. Als Ausstellungsfläche blieben nur wenige zusätzliche Quadratmeter übrig. Die Sammlung des Guggenheim, umfangreiche Bestände der Kunst des 20. Jahrhunderts, darunter über 100 Leinwandbilder Wassily Kandinskys, viele Mondrians, auch Arbeiten des deutschen Expressionismus, konnte nur zu etwa drei Prozent ausgestellt werden. Kaum jemand kennt die Lagerhäuser im New Yorker Hafen, wo diese gewaltige Sammlung untergebracht ist. Nichts davon ist ausgestellt. Krens sagte deshalb dem neu entstehenden Museum Mass. MOCA zu, Teile der Sammlung dort zu zeigen. Dies war der Anfang der Tätigkeit von Krens als Direktor des Guggenheim Museum.

Im Grunde genommen war eine Dauerausstellung der Sammlung des Guggenheim kaum möglich, da die Rotunde für die Wechselausstellungen genutzt wurde. Kleine Nebenräume mußten hinreichen, um einige Hauptwerke der Tannhauser-Sammlung und anderer gestifteten Privatsammlungen zu zeigen. Diese Situation war seit eh und je ungenügend. Krens kommt das Verdienst zu, daß er im Zuge der Bauerweiterung auch den Altbau bis ins kleinste Detail wieder herstellen ließ. Er legte die Kuppel mit den umgebenden Glasdächern der Büros frei, öffnete die Spirale bis oben, richtete ein Restaurant im Souterrain ein und ließ vor allem das von Frank Lloyd Wright errichtete Theater, das als Vortragssaal und Veranstaltungsraum diente, komplett rekonstruieren. Zum ersten Mal äußerte sich die New Yorker Presse zu Krens' Arbeit positiv, nachdem er mit seiner – leider auch von mir angeregten – Eröffnungsausstellung über die deutsche Malerei der Gegenwart unter die Räder gekommen war. Die New Yorker Presse war kaum zu beruhigen gewesen. Auch mit den nachfolgenden Ausstellungen hatte er es nicht leicht, da die Skepsis gegen seine Person im Vordergrund stand. Krens gab eiskalte Interviews, die man ihm nicht verzieh. Als er dann noch zwei Gemälde der klassischen Moderne, darunter einen recht unwichtigen von seinen über 100 Kandinskys, versteigern ließ, wuchs die Kritik zur Tirade an. Krens, unter dem Druck, den von Messer begonnenen Neubau seines Museum zu finanzieren, um nicht den Konkurs des Guggenheim anmelden zu müssen, hatte zum letzten Mittel gegriffen, dem Verkauf zweier Bilder. Der Hochkonjunktur der Kunst in den frühen 80er Jahren dankte er es, daß die beiden Bilder 43 Millionen Dollar einbrachten, genug, um einen Teil der Schulden für den Bau zu bezahlen und auch um ein Rücklagenkonto einzurichten.

Bei alledem blieb Krens' programmatische Arbeit auf den Gedanken gerichtet, weiteren Ausstellungsraum zu gewinnen, nicht nur um

Der Palazzo Venier dai Lioni in Venedig beherbergt die Sammlung von Peggy Guggenheim. Nach ihrem Tod 1979 erbte die Stiftung Solomon R. Guggenheim in New York die Kunstwerke.

die eigene Sammlung zeigen zu können, sondern auch um deponierte Kunstwerke aus aller Welt zugänglich zu machen.

Das Guggenheim Museum in Venedig, Dependance des New Yorker Hauses, gab Krens die Möglichkeit, in Venedig nach Verbündeten zu suchen. Er fand sie in dem damaligen Außenminister Italiens und dem Oberbürgermeister von Venedig, die beide nach intensiven Verhandlungen dafür eintraten, die Dogana, das alte Zollager der Republik Venedig, als Guggenheim Museum Venedig auszubauen. Nun hatte Krens Oberwasser gewonnen und gewöhnte sich mehr und mehr an den Gedanken, an möglichst vielen Orten der Welt Dependancen des Guggenheim Museum einzurichten. Denn wenn schon der amerikanische Staat wie auch die Stadt New York für den Unterhalt des Museums kaum einmal Subventionsmittel zur Verfügung stellten, mußte das Guggenheim eigene Wege beschreiten, um diese Mittel für einen modernen Ausstellungsbetrieb und ein Förder- wie auch Publikationsprogramm hereinzuholen. Krens fand neue Sponsoren, die sich trotz der schlechten New Yorker Presse zu engagieren bereit waren und seinen Plänen Glauben schenkten. Überhaupt verstand es Krens, sein Board of Trustees bei Laune zu halten und dessen Mitglieder von der Plausibilität seiner Programmüberlegungen zu überzeugen. Während die Presse Krens bei jeder Gelegenheit niedermachte, rückte das Board of Trustees zur stillen Unterstützung von Krens zusammen, sammelte Millionen-Summen, wie es auch Krens verstand, kulturinteressierte amerikanische Philanthropen in das Board of Trustees hineinzuziehen. Es ist für einen deutschen Museumsdirektor nur schwer vorstellbar, was es bedeutet, ein großes Haus mit einem internationalen Renommee am Leben zu halten, wenn jeder Dollar des Haushalts eingeworben werden muß und für die ca. 160 Mitarbeiter die Gehälter monatlich herbeigeschafft werden müssen – ausschließlich auf Stiftungsbasis.

Krens verband zwei Hauptmotive seines Handelns: die Sorge für den Erhalt des New Yorker Hauses, verbunden mit der Einwerbung von Stiftungsmitteln, und das Interesse, die gesamte Sammlung des Guggenheim Museum in Ausstellungen zeigen zu können sowie weitere Kunstbestände im Besitz der Künstler und privater Sammler zu Ausstellungszwecken von außen als Leihgaben hinzuzugewinnen. Es lag nahe, die Ausstellungsmöglichkeiten zu vergrößern und auch die Chancen der Einwerbung von Finanzmitteln zu erhöhen, indem das Guggenheim Museum seine Ausstellungen auf Wanderschaft schickt und an allen Orten, möglichst unter eigener Regie, die Einnahmen einbehalten kann. Neben der venezianischen Niederlassung, die durch die Dogana vergrößert werden sollte, mußten weitere Dependancen hinzukommen, um das von Krens anvisierte Ziel zu erreichen.

Krens besuchte mich häufiger in Frankfurt und kam eines Tages mit der Nachricht, daß die Stadt Bilbao ihn beauftragt habe, ein Gutachten zum Bau eines Museums in dieser baskischen Stadt zu erstellen. Als Ort war ein Altbau im Stadtzentrum vorgesehen. – Bilbao, die größte Stadt des Baskenlandes, befand sich in der gefährlichen Situation, zunehmend zu verelenden. Die Arbeitslosenzahl lag bei 24 Prozent, nachdem die Hüttenwerke ringsum stillgelegt worden waren. Die spanische Regierung sprang helfend mit Subsidien ein, und die Regierung des Baskenlandes hatte beschlossen, Bilbao durch Projekte für öffentliche Bauten aufzuhelfen. Ein neuer Flughafen wurde gebaut (Architekt: Helmut Jahn), eine neue Brücke von Calatrava wurde über den die Stadt zerteilenden Fluß gespannt, neue Hotels gebaut, eine neue U-Bahn realisiert und die gesamte Stadt mit Sanierungsmitteln unterstützt. Ein neues Museum sollte dem kulturellen Selbstbewußtsein Bilbaos und des Baskenlandes aufhelfen. Krens schlug der Landesregierung und den Stadtoberhäuptern vor, nicht einen Altbau zu sanieren, sondern einen Neubau just dort zu errichten, wo die Stadt am schwersten getroffen war, in ihrem stillgelegten, toten Hafen. Die Regierung des Baskenlandes stimmte zu. Ein Bauwettbewerb wurde beschlossen, und mir fiel die Aufgabe zu, die Architekten vorzuschlagen und den Wettbewerb in Frankfurt zu veranstalten. Krens hatte ein Projekt der Wiener Architekten-Gruppe Coop Himmelblau gesehen, das sie im Rahmen des Wettbewerbs für den Neubau des Zentrums für Kunst- und Medientechnologie (ZKM) Karlsruhe vorgestellt hatten. Coop Himmelblau wurde zum Bilbao-Wettbewerb eingeladen, der japanische Architekt Arata Isozaki und der amerikanische Architekt Frank O. Gehry kamen hinzu. Wenig später standen die Baumodelle der drei Architekten mit detaillierten Plänen in einem Sitzungsraum des Hotels Frankfurter Hof, die baskische Landesregierung kam nach Frankfurt, und gemeinsam entschieden wir, Frank Gehry den Bau des Museums in Bilbao anzuvertrauen. Ich habe dieses Projekt unterstützt, weil ich die Baupläne, kompliziert wie sie auch sein mochten, bewunderte und darauf hoffte, daß ein solcher Bau einmal zustandekommen könne. Die Unregelmäßigkeiten des Gebäudekörpers waren allein berechenbar durch den Einsatz von Computern. Computerpläne lagen bald vor, und der Bau begann sogar vor Ablauf der Planungszeit. Eine notleidende Stadt, die zugleich das Aushängeschild eines kleinen und immer am Rande eines Bürgerkriegs stehenden Landes war, konnte durch den Bau eines solchen Museums ein gutes Stück ihres Selbstbewußtseins zurückgewinnen. Ich habe in diesen Überlegungen, die uns die baskischen Politiker immer wieder auseinandersetzten, die Legitimation zum Bau des Museums erkennen können.

Museumsbauten können selbst zu einer ›Ausstellung‹ werden, zumindest zu einem Erlebnisenvironment, das viele Menschen anzieht. Nachdem nun der Bau fertigsteht, kommen Touristen aus aller Welt, die von der Architektur angezogen werden und zugleich eine umfassende Ausstellung der Gegenwartskunst, die jetzt im Aufbau begriffen ist, kennenlernen können. Das Guggenheim Museum hat für den Ankauf einer großen Sammlung 50 Millionen Dollar vom Baskenland erhalten und Hauptwerke der Kunst der Gegenwart angekauft für das neue Guggenheim in Bilbao. Zugleich werden Ausstellungen aus New York nach Bilbao geschickt. Gewinne erzielt das Guggenheim aus dem Verkauf der Kataloge, die in der jeweiligen Landessprache der Guggenheim-Dependancen erscheinen. Es kommen andere Einnahmemöglichkeiten hinzu, von denen sowohl die Dependance als auch das Mutterhaus profitieren.

Das kleine Guggenheim Berlin, eingerichtet in der Deutschen Bank Unter den Linden, bleibt mit seinen ca. 400 Quadratmetern eine Ausstellungshalle mit begrenzten Möglichkeiten. So erscheint es prädestiniert für Einzelausstellungen. Dem Guggenheim wird ermöglicht, einzelnen Malern, wie etwa James Rosenquist, einen Auftrag zu erteilen für ein monumentales Leinwandbild, das dann in allen Guggenheim-Dependancen gezeigt werden kann.

Ich erachte es als ein vordergründiges Urteil, in der Aufbauarbeit von Thomas Krens nichts anderes erkennen zu wollen als eine Art von Museums-Imperialismus amerikanischer Observanz. Dem aus europäischer Perspektive Urteilenden ist zumeist nur begrenzt verständlich, was es bedeutet, eine große und lebendige Museums-Institution ohne öffentliche Mittel am Leben zu erhalten. Man darf nicht verkennen, daß das Guggenheim als ein der europäischen Kunst betont zugewandtes Museum neben dem Whitney Museum for American Art und dem Museum of Modern Art in New York kein leichtes Dasein fristet und daß sich bisher die Sympathien New Yorker Stifter den beiden anderen New Yorker Museen für Moderne Kunst vorwiegend zuneigten. Es liegt deshalb nahe, wenn das Guggenheim, traditionsgemäß auf Europa ausgerichtet, auch in Europa Dependancen hat. Nicht zuletzt gewinnt das Guggenheim durch seine europäischen Dependancen Ausstellungen für New York zurück. Hinzu kommen die Möglichkeiten des Austauschs mit anderen Museen. So hat das ZKM-Museum für Neue Kunst in Karlsruhe eine Ausstellung der Medienkunst im Guggenheim Museum downtown in New York zeigen können, um im Gegenzug eine Ausstellung aus dem Guggenheim New York für Karlsruhe zu gewinnen.

Das Guggenheim Museum ist das erste internationale Museum, das auch in Zukunft weiter wachsen und die Zahl seiner Dependancen vergrößern wird.

Hilmar Kopper

1 + 1 = 3
Das Deutsche Guggenheim Berlin

Ein Banker, der nicht mit Zahlen umgehen kann? Undenkbar. Eine Bank ohne kulturelles Engagement? Selten. Ein Museumsdirektor, der sich mehr mit Finanz- als mit Bildanalysen beschäftigen muß? Leider zunehmend Realität. Da liegt die Lösung nahe: Beide schließen sich zusammen, um einerseits gesellschaftliche Verantwortung wahrzunehmen und andererseits öffentliche Aufgaben erfüllen zu können. Besonders sinnvoll ist eine solche Kooperation dann, wenn sie sich nicht in der simplen Addition von Kunst und Kapital erschöpft, sondern darauf abzielt, einen Mehrwert, ein zusätzliches Potential an Möglichkeiten zu schaffen, das ohne ihre Verbindung weder dem einen noch dem anderen Partner allein gegeben wäre. Das Deutsche Guggenheim Berlin ist das Produkt dieses Gedankens.

Die Idee

Nach dem Fall der Mauer bot sich der Deutschen Bank die Chance, die Wende im Osten mit der Rückkehr an die Orte ihres historischen Beginns in Berlin zu verbinden. Während der frühere Gebäudekomplex der Bank mit dem bekannten Schwibbogen an der Mauer- und Französischen Straße bereits im Rahmen des Regierungsumzuges verplant war, konnten die ehemaligen Geschäftshäuser der Disconto-Gesellschaft, die bei der Fusion mit der Deutschen Bank im Jahre 1929 auf das Unternehmen übergingen, 1992 von der Treuhand zurückgekauft werden.

Nach den Plänen des Berliner Architekten Benedict Tonon wurden die beiden Gebäude an der Ecke Unter den Linden/Charlottenstraße neu gestaltet. Bei der Restaurierung des sachlich-nüchternen Hauses aus den 20er Jahren und des roten, historischen Sandsteinbaus von 1889/91 legte die Deutsche Bank großen Wert auf die Wiederherstellung des ursprünglichen Erscheinungsbildes und die Einbindung in das Straßenbild Unter den Linden. Innen jedoch haben modernste Ausstattung und Technik Einzug gehalten. Von hier aus lenkt die Bank ihr Geschäft in Berlin, Brandenburg, Mecklenburg-Vorpommern und im nördlichen Sachsen-Anhalt.

Das restaurierte Gebäude der Deutschen Bank Unter den Linden beherbergt das Deutsche Guggenheim Berlin.

Von Beginn an war für den zur Hauptstraße gelegenen, langgestreckten Raum des Gebäudes eine öffentliche Nutzung vorgesehen, um damit zur Wiederbelebung des traditionsreichen Boulevards Unter den Linden beizutragen. Es gab sowohl Vorschläge für ein kulturelles Forum als auch für andere Verwendungen – jedoch die wirklich überzeugende Idee fehlte noch. Dieses änderte sich durch die Begegnung mit Thomas Krens in New York im Juli 1996. Der Direktor des Guggenheim Museums hatte bereits zuvor – im Rahmen der globalen Expansion der Guggenheim Foundation – sein Interesse an dem Standort Berlin bekundet. Das Bankgebäude im Zentrum der Stadt – in unmittelbarer Nähe zur Museumsinsel und dem Galerienviertel um die Auguststraße –, das kulturelle Engagement der Bank und seine eigenen Pläne paßten hervorragend zusammen. Es hatten sich zwei Partner gefunden, die beide in ihrem Bereich neue Wege gehen, die trotz ihres nationalen Schwerpunktes weltweit agieren und bereits zahlreiche Ausstellungsprojekte gemeinsam verwirklicht hatten. Es folgten Besichtigungen, Gespräche – und schon bald kristallisierte sich ein Konzept heraus, das eine bisher einmalige Zusammenarbeit zwischen einem Museum und einem Wirtschaftsunternehmen vorsah:

- Gemeinsam sollte eine Kunsthalle Unter den Linden geplant und betrieben werden und
- gemeinsam sollten international renommierte, aber ebenso jüngere Künstler beauftragt werden, neue Werke für den Ausstellungsraum in Berlin zu erschaffen.

Diese mit der Eröffnung am 6. November 1997 und den seitdem gezeigten Ausstellungen verwirklichte Idee geht weit über bisherige Formen der Zusammenarbeit zwischen Wirtschaft und Kultur hinaus.

Unternehmen, die eigene Kunsthallen oder Museen betreiben, öffentliche Kunstinstitute finanziell oder durch Leihgaben fördern – diese Formen privaten kulturellen Engagements sind etabliert. Die

Solomon R. Guggenheim Foundation in New York und die Deutsche Bank AG in Frankfurt am Main betreiben das Ausstellungsforum jedoch als gleichberechtigte Partner. In das Joint Venture bringen beide Institutionen ihr spezifisches geistiges und materielles Kapital ein: Die Guggenheim Foundation das Wissen ihrer Kuratoren, die vielfältigen Beziehungen zu Leihgebern und Künstlern in der ganzen Welt sowie den herausragenden eigenen Kunstbestand. Die Bank trägt zu dem Projekt bei mit ihrer langjährigen Erfahrung vor allem im Bereich der zeitgenössischen Kunst, mit ihrem betriebswirtschaftlichen Know How, mit ihrer Sammlung und ihrem Gebäude sowie den notwendigen finanziellen Mitteln.

Die beschriebenen Intentionen finden Ausdruck in dem grammatikalisch ungewöhnlichen, aber bewußt gewählten Namen des Projektes: Deutsche Guggenheim Berlin. »Deutsche« steht hier eben nicht als Adjektiv zur Bezeichnung einer Guggenheim-Filiale, sondern – ebenso wie Farbe und Schrift – als Synonym und Namensbestandteil für den Partner Deutsche Bank.

Die Partner

Die von Thomas Krens forcierte globale Expansion der Guggenheim Foundation ist unter den Aspekten möglichst großer Öffentlichkeit für – im wörtlichen Sinn – sehenswerte Kunst und möglichst effektiver Nutzung knapper Ressourcen notwendig und verständlich. Es ist sicherlich weder im Sinne der Spender noch der Künstler, wenn der größte Teil des Bestandes im Depot lagert, nicht, weil es an Qualität, sondern weil es an Raum mangelt. Darüber hinaus verringern sich jeweils die Kosten für die Präsentation an einem Ort durch die Hinzunahme weiterer Stellen entscheidend, so daß – bei konservatorischer Unbedenklichkeit – jedem Museumsmanager, der nicht gerade über reichlich Lotto-Gelder oder Getty-Millionen verfügt, daran gelegen sein muß, über seinen regionalen Horizont hinaus zu planen.

Die amerikanische Kultur ist in ihrer ganzen Vielfalt weit überwiegend durch private Initiative entstanden. Sie wird von ihr getragen und ist von ihr – mangels staatlicher Zuwendungen – abhängig. In den Vereinigten Staaten beträgt der Durchschnitt aller Spenden pro Kopf und Jahr 1200,– DM – in Deutschland dagegen nur 170,– DM. Die US-Bürger geben 12 Promille ihres Jahreseinkommens für gemeinnützige Zwecke aus – die Deutschen aber nur drei (managermagazin, Juni 1998, S. 231). Trotz dieses privaten Engagements ist es jedoch langfristig sinnvoll, daß ein Museum, neben der notwendigen Akquisition von Spenden, danach strebt, wirtschaftliche Unabhängigkeit – nicht als Selbstzweck, sondern zur Sicherung seines kulturellen Auftrags – zu erreichen. In einer Zeit stetig zunehmender Freizeit und steigenden kulturellen Interesses stehen die Chancen dafür so gut wie nie.

Überzeugt davon, daß die unmittelbare Erfahrung bedeutender Kunst für jede Gesellschaft notwendig und geistig fruchtbar ist, hat die Deutsche Bank seit den 70er Jahren kontinuierlich den kulturellen Austausch und das visuelle Erleben insbesondere zeitgenössischer Kunst gefördert und durch ihre eigene Kunstsammlung und deren Präsentation unter dem Motto ›Kunst am Arbeitsplatz‹ beispielhaft verwirklicht.

Durch den Ankauf von Papierarbeiten und die Ausgestaltung der Bankräume mit diesen Werken sollen junge Künstler aus dem deutschsprachigen Raum gefördert werden. Dieses Engagement bietet Mitarbeitern, Kunden und Gästen der Bank die Möglichkeit, außerhalb von Museen und Galerien Kunst unserer Zeit zu begegnen. Die Ausstattung der beiden Türme der Zentrale in Frankfurt am Main steht exemplarisch für die Sammlung der Deutschen Bank. In den 1985 eröffneten Zwillingstürmen sind auf insgesamt 55 Etagen Arbeiten jeweils eines Künstlers zu sehen, die jedem Stockwerk einen eigenen Charakter verleihen und gleichzeitig die Entwicklung des Künstlers dokumentieren.

Das Engagement der Deutschen Bank für die zeitgenössische

Kunst ist nicht auf die Zentrale in Frankfurt beschränkt. Bis heute erhielten weltweit über 700 Geschäftsstellen, darunter 60 im Ausland, eine Kunstausstattung. In Zusammenarbeit mit den einzelnen Filialen und Tochtergesellschaften entstehen individuelle Konzepte, auf deren Grundlage Kunstwerke in den neuen oder umgestalteten Gebäuden plaziert werden. Eine Variante bildet die Ausgestaltung der Filialen im Ausland: Hier werden Arbeiten zeitgenössischer deutscher mit denen junger inländischer Künstler kombiniert, woraus sich oft interessante Dialoge und Parallelen ergeben. Die Sammlung erlangt so auch einen internationalen Charakter, der der Entwicklung der Kunstszene wie auch dem Profil der Bank entspricht.

Zugleich in Fortsetzung dieses langjährigen Engagements im Bereich der bildenden Kunst, als auch als neues, zukunftsorientiertes Konzept verbinden wir mit dem Deutsche Guggenheim Berlin vier Ziele:

- Es ist eine von vielen Leistungen, mit denen wir unsere im Grundgesetz festgelegte Verpflichtung gegenüber der Gesellschaft, deren Teil wir zugleich sind, erfüllen. Insbesondere ist es unser Beitrag für den Weg Berlins zur europäischen Metropole.
- Unseren Kunden können wir Begegnungen mit bedeutenden Künstlern und ihren Werken im Rahmen von besonderen Führungen und Abenden bieten. Kataloge und Editionen sind willkommene Geschenke, und das Atrium ist gegebenenfalls auch der ideale Ort für Veranstaltungen ihrer eigenen Unternehmen.
- Wir erweitern unser kulturelles Angebot gegenüber unseren Mitarbeitern, die durch die Kooperation mit dem Guggenheim weltweit Vorteile, wie z. B. kostenlosen Eintritt, spezielle Führungen oder ermäßigte Kataloge und Artikel aus dem MuseumsShop erhalten.
- Das Deutsche Guggenheim Berlin ist Werbung für die globale Kompetenz, die Qualität und das innovative Potential unserer Bank.

Der Raum

Für die Gestaltung der Ausstellungshalle konnte der amerikanische Architekt Richard Gluckman gewonnen werden. Sein Entwurf reduziert den 8 Meter breiten, 50 Meter langen und 6 Meter hohen Raum auf ein langgestrecktes Rechteck. Die umfangreiche, moderne Technik ist nahezu unsichtbar, das ebenfalls von Gluckman stammende Mobiliar auf kubische Formen reduziert und der Terrazzo-Fußboden so neutral wie nur eben möglich. Die Reduzierung erlaubt große Variabilität: Zusätzliche Räume können gebildet, Abteilungen eingebaut und die Wand vor den Fenstern auch ganz entfernt werden. Die Kunst bestimmt, welche Architektur die ihr jeweils angemessene ist. Sie erhält jenen Freiraum, den sie zu ihrer idealen Präsentation benötigt.

Über eine breite Treppe gelangt der Besucher in einen direkt anschließenden, kleineren Raum der für das Café KAFFEEBANK und den MuseumsShop genutzt wird. Drei breite Glastüren stellen hier die Verbindung zum großen, überdachten Atrium der Bank her. Den Kunden und Gästen wird durch diese Architektur ein Forum geboten, das in seiner Verbindung von kulturellem Erlebnis und Veranstaltungssaal seinesgleichen sucht.

Das Programm

Das Programm des Deutsche Guggenheim Berlin wird von den Kuratoren in New York und den Kustoden der Sammlung der Bank gemeinsam erarbeitet.

Mit vom Umfang her begrenzten, aber dadurch besonders konzentrierten Ausstellungen außergewöhnlicher und bedeutender Kunst soll das Deutsche Guggenheim Berlin zum Kunstgeschehen in Berlin und darüber hinaus beitragen.

Alle aus der Verbindung von Bank und Museum resultierenden Möglichkeiten werden genutzt, um einzigartige Begegnungen mit der Kunst unserer Zeit und vergangener Epochen zu präsentieren. Das

Deutsche Guggenheim Berlin stellt aber nicht nur schon Bestehendes vor, sondern überläßt seinen Raum auch Künstlern, damit sie Neues schaffen können. So wird die Ausstellungshalle zum Atelier. Das Verhältnis von Auftragsarbeiten zu anderen Ausstellungen wird sich in etwa die Waage halten. In Bezug auf beide Bereiche werden sowohl Werke älterer Künstler wie James Rosenquist oder Helen Frankenthaler als auch Arbeiten von Newcomern wie Andreas Slominski zu sehen sein. Mindestens einmal im Jahr sind klassische Exponate wie Delaunays Gemälde oder Werke der russischen Kunst aus den 20er Jahren in Berlin zu Gast. Gleiches gilt für Arbeiten aus der Sammlung der Deutschen Bank, die zukünftig jeweils im Mai zu sehen sein werden.

Bis auf den zuletztgenannten Programmteil liegt die Planung, Zusammenstellung, Organisation und Hängung der Ausstellungen federführend bei wechselnden Kuratoren des Guggenheim Museums. Sie sind ebenso für den jeweils begleitenden Katalog verantwortlich. Obwohl es für die einzelnen Aufgabenbereiche klare Prioritäten in Bezug auf die Verantwortlichkeit gibt, müssen alle Entscheidungen letztlich gemeinsam getroffen werden. Die personelle Leitung, der tägliche Betrieb, Werbung, Pressearbeit und das Begleitprogramm liegen unter dieser Prämisse in den Händen von Mitarbeitern der Bank.

Das Deutsche Guggenheim Berlin bietet den idealen Raum für die detaillierte Sicht auf begrenzte, aber entscheidende Themen oder Werkgruppen aus dem Oeuvre einzelner Künstler.

Die über 30 Ölgemälde und Zeichnungen umfassende Eröffnungsschau ›Pariser Visionen: Robert Delaunays Serien‹ konzentrierte sich auf die Serien des französischen Malers Robert Delaunay (1885–1941), die erstmalig zentrales Thema einer Ausstellung waren. Die Bilderfolgen *Saint-Séverin*, *Eiffelturm*, *Stadtansichten* und *Fenster* entstanden von 1909 bis 1914 und bilden die wohl wichtigste Phase im Werk des Künstlers.

Konzeptionell knüpfte die Ausstellung ›Helen Frankenthaler‹ im Herbst 1998 an die ›Pariser Visionen‹ an. Standen bei Delaunay die

Blick in die Ausstellungshalle mit James Rosenquists dreiteiligem Gemälde »The Swimmer in the Econo-mist«, der ersten Auftragsarbeit für das Deutsche Guggenheim Berlin.

Motive seiner Serien im Vordergrund, so konzentrierte sich die Auswahl der Werke der amerikanischen Malerin auf das Schlüsselwerk *Mountains and Sea* von 1952 und den engen, aber produktiven Zeitraum von 1956 bis 1959.

Vor den Gemälden Frankenthalers zeigte das Deutsche Guggenheim Berlin in der Ausstellung ›Von Dürer bis Rauschenberg‹ eine 89 Exponate umfassende Auswahl der besten Zeichnungen aus den Sammlungen des Guggenheim Museums und der Wiener Albertina aus fünf Jahrhunderten. Ein besonderer Erfolg war es, daß ein so traditionsreiches und singuläres Haus, wie es die Albertina verkörpert, mit der neuen Ausstellungshalle in Berlin kooperierte. Auch in Zukunft wird das Deutsche Guggenheim Berlin nicht nur Beispiele aus den Sammlungen des Guggenheim oder der Bank, sondern auch Einzigartiges aus den Beständen internationaler Museen präsentieren.

Die erste Auftragsarbeit für das Deutsche Guggenheim Berlin schuf der amerikanische Maler James Rosenquist mit seinem Gemälde *The Swimmer in the Econo-mist*. Im März 1997 wurde die Maßarbeit für die Ausstellungshalle Unter den Linden zusammen mit zeichnerischen Vorstudien der Öffentlichkeit vorgestellt. In der Tradition seiner Environmental Paintings verwandelte Rosenquist die Wände des 400 Quadratmeter großen Raumes in ein Rundum-Gemälde. In Erinnerung an Deutschland und Berlin, das Rosenquist kurz nach dem Mauerfall besuchte, entstand auf drei Leinwänden ein aufwühlend dynamisches Deutschland-Bild. Über 48 Meter lang, ist es das bisher größte Gemälde James Rosenquists.

Mit den ›Arbeiten auf Pigment‹ von Katharina Sieverding präsentierte das Deutsche Guggenheim Berlin im September/Oktober 1998 erstmalig Werke aus der Sammlung der Deutschen Bank in der Kunsthalle Unter den Linden. Arbeiten von Georg Baselitz und Günther Förg werden diesen Teil des Programms in den nächsten Jahren fortsetzen.

Von Anfang an große Bedeutung kam dem ausstellungsbegleitenden Programm zu: Tägliche und themenbezogene Führungen, Lunch Lectures und Vorträge gehören zum festen Angebot. In Zusammenarbeit mit anderen Berliner Kultur-Institutionen fanden außerdem immer wieder besondere Veranstaltungen statt. Mit- statt Gegeneinander, Offenheit statt elitärer Abgrenzung ist das Ziel. Beispiele bisher: Eine Filmreihe zu Robert Delaunay in Kooperation mit dem Institut Français, eine Modenschau mit ausschließlich von Künstlern entworfener Kleidung anläßlich der Präsentation des Papieranzuges von James Rosenquist und die Konzerte der Berliner Philharmoniker mit Stücken aus fünf Jahrhunderten als Parallele zu dem historischen Rückblick ›Von Dürer bis Rauschenberg‹.

Dazu kommen Soirees, eine Pop Art-Tour durch Berlin, Peggy Guggenheims 100. Geburtstagsfeier und vieles mehr. Das Publikum ist dankbar, wie die Zahlen zeigen: Die Filmvorführungen waren ausverkauft, 4000 Besucher nahmen an unserem Programm während der letzten »Langen Nacht der Museen« teil und über 500 Zuhörer lauschten den 12 Cellisten der Berliner Philharmoniker.

Auch in der Werbung geht das Deutsche Guggenheim Berlin ungewöhnliche Wege, um die Menschen zur Kunst zu führen. Großflächenplakate, Hörfunkwerbung – jede Kunst soll durch ihr angemessene Mittel ihr Publikum finden. Und sie findet es: Über 45 000 Besucher kamen zu Delaunay, und 37 000 studierten die Zeichnungen ›Von Dürer bis Rauschenberg‹.

Von Tag zu Tag

Gerade im täglichen Betrieb zeigt sich, welche Vorteile aus dem Joint Venture für das Publikum entstehen: Das Deutsche Guggenheim Berlin hat täglich geöffnet, immer von 11 bis 20 Uhr, und montags ist der Eintritt frei.

Der MuseumsShop gilt schon nach kurzer Zeit als der beste – und in Relation zur Besucherzahl – umsatzstärkste seiner Art in Berlin. Auf relativ kleiner Fläche werden ständig eine Auswahl der attraktivsten Produkte des Guggenheim in New York und Venedig sowie Objekte vor allem junger Berliner Designer angeboten. Besonderes Augenmerk liegt auf preiswerten, originellen Mitbringseln und Spielzeug für Kinder.

Zu jeder Ausstellung wird außerdem ein zusätzliches, themenbezogenes Sortiment zusammengestellt, das von den entsprechenden Publikationen bis zur Schokoladen-»Nachtwache« aus dem Rijksmuseum oder Druckgraphiken des jeweiligen Künstlers reicht.

Exklusiv zu jedem Anlaß gibt das Deutsche Guggenheim Berlin eine eigene, limitierte Edition heraus, die unmittelbar mit der Ausstellung oder dem Künstler in Beziehung steht: Calvados mit Delaunay-Label, ein Papieranzug von Rosenquist, die Dürer-Zeichenstiftcassette – Fortsetzung folgt.

Das in den MuseumsShop integrierte Café KAFFEEBANK bietet kleinere Speisen und exzellente Kaffees, Tees und Getränke an.

Aktuelle Zeitungen und Zeitschriften laden zum längeren Verweilen ein. Die gleichzeitige Nutzungsmöglichkeit von Atrium und Kunsthalle hat Anklang gefunden. Viele Kunden haben dort bereits Veranstaltungen erfolgreich durchgeführt. Auch die Aussteller und Sammler des European Art Forum und der Weltkongreß der CISAC, des Verbandes der Urheberrechtsinstitutionen, waren bei uns zu Gast.

Besucherzahlen, Pressestimmen und die große Bereitschaft der Museen, Leihgeber und Künstler zur Zusammenarbeit dokumentieren den Erfolg des Konzeptes und seiner Verwirklichung. Er ist für uns Ansporn, auch in Zukunft über Bilanzzahlen und Mathematik hinauszudenken, um den Menschen – zumindest für den Bereich der Kultur – einige jener einzigartigen Begegnungen und Momente zu bieten, die dem Streben nach materiellem Gewinn erst Ziel und Sinn geben.

Verena Auffermann

Berlin und die Kunst des Angebots

Berlin, notierte Alfred Kerr vor hundert Jahren, ist die Gottloseste unter Europas Hauptstädten. Schon Schinkels Kathedralen waren für antike Gottheiten und nicht für die christliche Religion gebaut. Von der Wucht der anhaltenden Mißachtung unberührt, verharren die monumentalen städtischen Engel. Auch an biblischen Szenen herrscht in ihrem Umkreis kein Mangel. Wo gestern noch ein Sandloch war, ist morgen ein rotes Meer, über das Statiker und Bauarbeiter paddeln. Hunderttausende ziehen von Ost nach West, von einer Containerwüste zur anderen. Durchzug ist die Strategie des sogenannten Ameisenhandels. Die Akteure und ihre Kampfhunde rings um die Löwengruben wechseln.

Neben dem Berliner Maß einer rücksichtslosen Eile, die man in Shanghai genauso antreffen kann, nicht nur weil auch in Berlin viele Menschen mehrere Jobs an einem Tag bezwingen, sondern weil die Lebenskürze zur Schnelligkeit treibt, ist das strategisch Wichtigste in der Stadt die Benutzung der doppelten Augen. Sie bekommt man durch den Blick in den Spiegel. Spiegel in Schaufenstern, S- und U-Bahnscheiben, Rück- und Außenspiegel der Autos, Spiegelstreifen an den Geldautomaten. In den Spiegeln wird die Gefahr eingeschätzt, die vom Nächsten ausgeht. In den Lokalen bedeuten die Spiegel das Leben.

In Berlin spricht man nach vorne und grüßt nach hinten. Diese sphingenhafte Haltung führt den ausgeprägten Hang zur Darstellung vor. Denn das unruhige Auge eines Großteils der dreieinhalb Millionen Einwohner ist auf Mitteilung versessen.

Sie brauchen die Kunst, die Kunst der Darstellung, der Spiegelung, der Selbstreflexion. Denn sie wollen gesehen, erkannt und gefeiert werden, die Überlebensberliner, die alte Hoppe, der junge Regisseur und der Schweizer Architekt mit der gebrochenen Hand. Das Stammlokal ist wichtiger als der Hausschlüssel. Für die dünne Mittelschicht ist der Gruß des Kellners der einzige Ausweis gesellschaftlicher Bedeutung. Ihr Ego, zu dem kein schiefes Lächeln paßt, braucht solche nächtlichen Bühnen.

Traditionen wie diese neutralisieren und garantieren die notwendige Ration an Vertrautem. Das aufbrechende Berlin, von dem schon Kerr schrieb, daß es hier »langsam maccaronisiert«, eine Stadt, die wie der berühmte Kritiker in seinen Briefen aus der Reichshauptstadt monierte, immer mehr den Fremden gehöre, ist voll mit Gewohnheiten, mit Krimskrams, mit dem Plunder der Jahrhundertwende.

Auch die Jugend versammelt sich in Hallen aus löchrigem Plüsch. Für die westlichen Wohlstandskinder ist das Dasein in östlichen Hinterhöfen ein Leben im Gruselfilm. In der Zwischenzone von Unterwelt, Halbwelt, Altenlethargie und Jugendkultur vagabundieren die jungen Künstler. Noch nie im Leben sei sie so oft umgezogen, sagt eine Meisterschülerin aus Frankfurt, immer den billigen Mieten nach. Von Kreuzberg nach Mitte, dann an den Prenzlauer Berg, vom Prenzelberg nach Friedrichshain. Die Galeristen, die vor kurzem in die Hackeschen Höfe zogen, ergreifen vor den Touristenströmen schon wieder die Flucht. In der Auguststraße weiß man nicht, ob es SoHo sein soll oder die Bronx. Die jungen Künstler sind Ethnologen. Sie sind daran interessiert, den Alltag und sein Design nachzubilden. Nicht so lustig und knallig wie die Pop-Art das tat, viel direkter. Alltagsdoubletten, die allein dadurch, daß und wie sie ausgestellt und angeleuchtet werden, isolierte Bedeutungen markieren für den auf Tempo konzentrierten Blick.

Eine solche disparate Großstadt muß Schauräume haben. Die Kunst ist seit Jahrhunderten ein Bindeglied zwischen Kreativität und Kommerz. Diese Tradition der Könige und Kaufleute, der Fugger und Medici hat die Deutsche Bank in Ausnutzung ihrer öffentlichen Bedeutung seit Jahren in ihrer Frankfurter Zentrale reaktiviert. Für

Berlin wurde eine neue Strategie erdacht. Die Eingangshalle der Deutschen Bank Unter den Linden wurde unter den glanzvollen Namen »Deutsche Guggenheim Berlin« gestellt. Ein Joint-Venture im Mercedes/Chrysler Stil. Der Name Guggenheim bürgt für internationale Ausstrahlung, er setzt sich als globales Symbol neben das Signet der Bank. Dabei wird immer ein bißchen groß geredet und kleiner gehandelt. Das Museum ist kein Museum, sondern eine Dependance, die mit Ware aus der New Yorker Guggenheim-Zentrale bestückt wird. Die Ausstellungshalle besteht aus einem einzigen rechteckigen und sehr hohen Raum. Die Raummaße sind ungeeignet und verlangen bei jeder Wechselausstellung Inszenierungsgeschick. Wenige Ausstellungen gelingen. Robert Delaunays Bilder tanzender Kreise, locker zusammengefügter Farbscheiben und der gestaffelten gotischen Bögen der Kirche Saint-Séverin, die der Künstler als Achsen für perspektivische Verließe nutzte, verloren sich, sie zerschellten im architektonischen Nichts.

Aber dieser Kunstraum ist keine normale Ausstellungshalle. Sie ist eine Werbemaßnahme und lenkt die Aufmerksamkeit auf die Deutsche Bank. Für die Fremden, die vom Brandenburger Tor bis zur Neuen Wache Berlin erleben, ist die Halle eine Attraktion mit Museums-Shop und kleinem Café. Für die Berliner sind die Eröffnungen Ereignisse, Umschlagplätze von Gerede und Klatsch, die eine solche heterogene Großstadt auch in ihren kurzen Glanzzeiten hatte. Die alten Künstler sind die Mastochsen, die eine neu sortierende Gesellschaft für ihre Liebe zum Scheinwerferlicht braucht. James Rosenquist, eine Verehrungsdeponie der Pop-Art, konnte im Auftrag des deutschen Guggenheim Museums unter dem Dach der Deutschen Bank Unter den Linden überredet werden, fast fünfzehn Meter mit einem Strudelbild *The Swimmer in the Econo-mist* zu füllen. Ein totaler Leerlauf durch die wilde Zirkulation kunsthistorischer Zitate. Kein Ereignis der Kunst, ein Fall des ›Betriebs‹, der genau die Lage beschreibt. Die Kunst ist Repräsentation. Diese Tatsache ist weder neu noch schlimm. Die Kunst ist der Anlaß, ist das Etikett einer überdimensionierten Scheinwelt. Zu welchem Preis? Fünf Millionen Mark oder Dollar für Rosenquists Meterware? Das zentrale und im offensten Sinn ohne die Scham des säkularisierten Europa dargebotene PR-Ereignis war die Party im überdachten Bank-Innenhof. Lichtbänder wischten über die Mauern, Bunnys in Missoni-Bodys mit fedrigen Halskrausen verteilten Drinks und Miniaturhotdogs. Thomas Krens, Chef des Franchisingbetriebs namens ›Guggenheim‹, saugte, in den aufblasbaren Sessel geknautscht, den Ketchup vom Brötchen. Krens, der begnadete Manager, benutzt in seiner Mischkalkulation Kunst als Mittel zum Zweck. Krens exportiert den Namen der Solomon R. Guggenheim Foundation in die Welt. Die New Yorker Mutter und ihre wie in Bilbao von Frank O. Gehry prunkvoll eingekleideten Töchter bilden eine kleine Dynastie.

In Bilbao wurden, was alle Erwartungen übertraf, ein Jahr nach der Eröffnung 1,3 Millionen Besucher gezählt, ein Drittel davon Ausländer. Die ganze Stadt spürt den Gehry-Aufwind und gewinnt ein neues Selbstbewußtsein. Nicht die Kunst der Ausstellung zählt, denn um deren angemessenen Auftritt hat sich Frank O. Gehry die wenigsten Sorgen gemacht, sondern Gehrys Gebäude, die Hülle (die der große Architekt Frank Lloyd Wright für das New Yorker Guggenheim Museum spektakulär an der Fifth Avenue errichtete) ist der Auftritt. Die Kunst dient als reisendes ›Personal‹. Die Bilder arbeiten wie Angestellte eines Unternehmens. Sie lassen sich verpacken, werden in Flugzeugen gestapelt, lassen sich ansehen und wieder einpacken. So verdient die Kunst ihren Unterhalt und den der Gruppe, der sie angehört.

Manchmal müssen auch die Künstler mitreisen, damit die authentische Einheit von Mensch und Werk, die doppelte Anschauung gewährleistet ist. So stand James Rosenquist in seiner Berliner Ausstellung wie ein lebendiges Relikt, verwittert und in seinen selbst entworfenen und signierten beigen Papieranzug gekleidet, der im Museumsshop zu kaufen war. If dreams come true, wird sich der ehemalige Reklamemaler selbst wie schon so oft vorgesagt haben.

Die Warenwelt spuckt den Künstler aus und zieht ihn wieder in den Strudel hinein. Zum metallischen Drängen einer Band gleitet ein wirklicher Magier der perfektionierten Epoche, New Yorks berühmtester Schönheitschirurg, der nebenbei ein besessener Kunstsammler ist, durch den Saal, wahrend die Bunnys auf dampfenden Tabletts Leuchtzapfen anbieten. Welch sattes Vergnügen hätte Alfred Kerr an solch einem Festakt gehabt! Und ein paar Häuser weiter in den Hintereingängen zur russischen Botschaft, der ein ganzer Block gehört, ist die Finsternis wieder da, Wachtposten, Schlagbäume und viele Gardinen.

Das Zeitgedächtnis, das an vielen Orten überblendet wird, ist in Berlin schlecht zu verlieren. So geht das noch jahrelang weiter. Die Gegenwart ist der Vergangenheit auf den Fersen, und die Kunst des Überlebens muß mit den besten Mitteln gefeiert werden, wie und wo immer es geht.

Friedrich Meschede
Ein Gespenst geht um

> Das Schönste an Tokio ist McDonald's
> Das Schönste an Stockholm ist McDonald's
> Das Schönste an Florenz ist McDonald's
> Peking und Moskau haben bis jetzt noch
> nichts Schönes
>
> *Andy Warhol*

Ein Gespenst geht um in Europa – das Gespenst der ›Guggenheimisierung‹. Das Prinzip, nach dem Thomas Krens als Leiter der Solomon R. Guggenheim Foundation seit 1988 seinen Konzern im Ausstellungsmarkt ausbaut, verhält sich zur europäischen Ausstellungskultur wie Imperialismus zum Urchristentum. Alexander Demandt, Autor des 1997 erschienenen Buchs ›Vandalismus – Gewalt gegen Kultur‹ (Siedler-Verlag, Berlin 1997) definiert Kultur in diesem Zusammenhang mit Verweis auf die Haager Konvention vom 14. Mai 1954 völkerrechtlich: »Damage to cultural property, belonging to any people whatever, means damage to the cultural heritage of all mankind, since each person makes its contribution to the culture of the world.« Dieser Übereinkunft folgend, die von den USA nie unterzeichnet wurde, ist Kultur Gemeingut; die europäische Auffassung von Kultur ist bestimmt vom Charakter einer Gütergemeinschaft: »In der Kultur herrscht Kommunismus: ihr ideeller Gehalt ist Gemeinbesitz.« Von einer ähnlichen Auffassung gehen auch die Statuten des Internationalen Museumsrats (International Council of Museums, ICOM) aus, die ICOM-Statuten definieren ein Museum »als eine nicht gewinnorientierte ständige Einrichtung, die der Gesellschaft und ihrer Entwicklung dient, der Öffentlichkeit zugänglich ist und materielle Zeugnisse des Menschen und seiner Umwelt für

Studien-, Bildungs- und Unterhaltungszwecke sammelt, bewahrt, erforscht, vermittelt und ausstellt.«

Ein Verstoß gegen die Satzung der Haager Konvention und der ICOM-Statuten, die als Kodex der Berufsethik anläßlich der 15. Mitgliederversammlung am 4. November 1986 in Buenos Aires, Argentinien, verabschiedet wurden, ist der Anspruch und die Anmaßung, die ideellen Anteile an diesem Gemeinbesitz machtorientiert zu bündeln, sie zu monopolisieren und aggressiv zu vermarkten. Immer stärker soll der Rohstoff Kunst, den Strategien des Guggenheim-Konzerns nach, im Alleinverkaufsanspruch vermarktet werden.

Die Marxschen Begriffe ›Mehrwert‹ und ›Profit‹ gewinnen kulturpolitische Aktualität, seine Unterscheidung zwischen ›Gebrauchswert‹ und ›Verkaufswert‹ muß in Erinnerung gerufen werden, ist doch im Falle der Kunst der Wert, der den Gebrauch bemißt, immer ideeller Natur. Mittels Guggenheim wird der Gebrauchswert von Kunst jetzt gerade erst erschlossen. Das ›ökonomische Prinzip‹, dieser von Karl Marx erkannte Trieb der Geschichte, wird zum Existenzkonzept von Museen.

Kunst, immer von Individuen für die Gemeinschaft geschaffen, bewirkt aber erst dadurch Kultur, daß sie ihre Anteile, Teilhabe am Kunsterlebnis, frei für jeden verfügbar beläßt. Dem kapitalistischen Verständnis nach bedeutet Anteil erwerbbare Teilhabe am Kapital. Dadurch werden Kulturgüter zu Aktien, öffentliche Museen europäischer Prägung, die immer noch dem Ideal von Bildung und Aufklärung verpflichtet sind, werden allmählich zu Handelsgesellschaften, um handlungsfähig im Kampf um den Rohstoff Kunst, der in den Museen der Welt lagert, zu bleiben. Das Guggenheim Museum mit dem Stammhaus an der Fifth Avenue in New York ist zweifellos zum Marktführer geworden, und es lädt aus dieser selbstsicheren Position zu ›joint ventures‹ an verschiedenen Spielstätten in der ganzen Welt ein. Es gibt neben dem ›Guggenheim Venedig‹ ein ›Guggenheim Bilbao Museo‹ und das ›Deutsche Guggenheim Berlin‹ Unter den Linden. Ein Blick in das Wörterbuch verrät eine gewisse

Verschiebung des modernen Begriffs ›joint venture‹, denn die amerikanische umgangssprachliche Bedeutung von ›joint‹ als spelunkenhafter Treffpunkt ist verdrängt, ebenso wie der Risikocharakter eines ›ventures‹: mit einem Partnerinstitut wie der Deutschen Bank ist jedes Wagnis ausgeschlossen; der Treffpunkt Unter den Linden ist eher zur VIP-Lounge mutiert, der Ruch des Konspirativen aufgewertet.

Membership

Anteile an dieser Hochkultur basieren auf Mitgliedschaft, die zugleich immer ein Ausschlußverfahren meint, was ein wesentliches Moment des Prinzips Guggenheim darstellt. Nur Mitgliedschaft bringt Dividende, die in unterschiedlichen, nicht nur pekuniären Währungen ausgezahlt wird. Die Einlagenhöhe der Mitgliedschaft staffelt die Hierarchie derer, die zu den streng nach sozialer Rangordnung gegliederten ›Events‹ geladen werden. Hier zählt, was Georg Franck umfassend dargelegt hat: die ›Ökonomie der Aufmerksamkeit‹ (Hanser Verlag, München 1998). Jenseits der sprichwörtlich gewordenen Finanzmittel ›Peanuts‹ wird Medienpräsenz und Salonmitgliedschaft zur Währung.

Das Guggenheim-Prinzip folgt weltwirtschaftlichen Vorgaben und nimmt sich die Tendenzen zum Vorbild, die auch in anderen Wirtschaftszweigen den globalen Markt heute bestimmen: Man schafft, wie zum Beispiel internationale Fluglinien, ›Star-Allianzen‹, Mega-Fusionen zwischen Industrieunternehmen über die Grenzen der Staaten und Kontinente hinweg. Unter diesem Aspekt kann man die Deutsche Guggenheim Berlin als eine ideale Konstellation anerkennen, die, ganz aktuell, die Banken-Fusion vorwegnahm und die durch historische Gegebenheit den Standort Berlin zudem als sinnvoll erscheinen läßt, weil Hilla Rebay, deren Sammlung in die Guggenheim-Stiftung einging, einst in Berlin lebte. Thomas Krens betont zudem immer wieder, daß seine Sammlung zu 85 % europäische Wurzeln hat. Mit diesen Bezügen war bereits früher der

Martin-Gropius-Bau in Berlin als eine Dependance für das Guggenheim Museum im Gespräch; eine Ausstellung der Sammlung sollte dieses Thema forcieren. Der damals amtierende Kultursenator Ulrich Roloff-Momin wollte jedoch nicht auf die amerikanischen Zahlungsforderungen eingehen. Mit der Deutschen Bank in Frankfurt am Main wurde schließlich ein Partner gefunden, für den Geldfragen zum täglichen Geschäft gehören, über das er souverän entscheiden kann. Deshalb ist der Vertrag über diese Zusammenarbeit, über dessen Inhalte und Fakten strengste Geheimhaltung besteht, nicht der Kulturstiftung der Deutschen Bank unterstellt, die ihre Tätigkeit transparent hält, sondern direkt dem Vorstand zur Verschwiegenheit anvertraut. Diskretion beginnt ab zwölf Millionen ›peanuts‹, so die Einschätzung aus gut informierten Kreisen.

Nun hat die Deutsche Guggenheim Berlin ihre Bilanz für das erste Jahr ihres Bestehens bekanntgegeben. Demnach waren seit der Eröffnung im November 1997 bis Jahresende 1998 109 019 Besucher in die Ausstellungshalle gekommen. »Fast jeder Besucher war zugleich Kunde im MuseumsShop, der durch exklusive Editionen und seine Angebotsvielfalt neue Maßstäbe setzt.« So die offizielle Pressemitteilung. Vielleicht wäre es kostengünstiger und zugleich um ein vielfaches werbewirksamer gewesen, hätte die Deutsche Bank jeden Besucher zu einem Wochenende nach New York eingeladen zu einem Besuch des Originals an authentischer Stätte.

Die Allianz zwischen der Solomon R. Guggenheim Foundation in New York und der Deutschen Bank AG in Frankfurt stellt zweifellos einen gelungenen Coup dar, von dem beide auf ihre Weise profitieren können. Der New Yorker Ausstellungskonzern hat durch den D-Mark-Transfer Planungssicherheit bei seinen Ausstellungstourneen; das Geldinstitut den Imagegewinn mit internationalem Flair und kulturellem Ambiente. Es ist jedoch festzustellen, daß wirtschaftliche Fusionen in der Regel angestrebt werden, wenn verschiedene Unternehmen an der gleichen Produktpalette arbeiten, Auto zu Auto, wie bei Daimler und Chrysler, Airline zu Airline usw. Das ist hier kaum der Fall, der Tauschwert ist eigentlich inkommensurabel, weil Image (Verkaufswert) gegen Kunst (Gebrauchswert) getauscht wird. Es scheint, daß hier unterschiedliche Unternehmen an verschiedenen Marktsegmenten arbeiten zu Lasten eben des eigentlich ideellen Gehalts, um den es den Verlautbarungen und Eröffnungsreden nach immer geht. Die Museumsleute aus New York reden nur von der Bedeutung der Ausstellungen, die sie in ihrer Regie dem Berliner Publikum zur Verfügung stellen, die Banker reden von dem Anspruch, Berlin endlich mit internationalen Ausstellungen kulturell aufzuwerten, als ob es noch nie Ausstellungen in Berliner Museen gegeben hätte. Immer wieder begegnet man den Strategien der Star-Allianzen: Mitgliedschaft sammeln, um mit Bonusvergütungen höher aufzusteigen. Deshalb spricht man auf beiden Seiten höflichst nicht von Geld und den Summen, die nötig sind, Kulturhoheit und das durch sie zu erwirtschaftende Ansehen mit jenen Ressourcen zu erzielen, die sich immer, zumindest in der Moderne, eben diesem Hoheitsanspruch zu entziehen suchten. Die Künstler der Moderne verstanden sich als Außenseiter, Gesellschaftsaussteiger und Verweigerer, Idealisten.

Schließlich hat die Solomon R. Guggenheim Foundation mit diesem ›joint venture‹ ein neues Revier erschlossen. Sie kann den mühsamen Pfad amerikanischen ›fund-raisings‹ verlassen und in europäischen, von hohen Steueraufkommen erwirtschafteten Geldreservaten wildern. Dieses ist der eigentliche Skandal: daß die Idee frei verfügbarer Teilhabe an Kultur, zu deren Garantie wir Steuerabgaben leisten, ausverkauft wird. Dieser Ausverkauf wird als Vorbild modernen Museumsmanagements ausgegeben.

Es wäre im topographischen Sinn sehr naheliegend, den nationalen Anspruch, den die Deutsche Bank AG im Firmennamen erhebt, in ortsbezogene Förderungen der in Berlin ansässigen Einrichtungen fließen zu lassen. Statt dessen knüpft man das Prestige an die weltweite Vernetzung von Ausstellungshäusern, deren Alleinbespielungsrechte die Guggenheim Foundation beansprucht. So darf man hier mit Recht Hans Blumenberg zitieren, der feststellt: »Für Netze braucht man ein Medium, keinen Boden mehr.« (H. B., Die Sorge geht über den Fluß, Frankfurt/Main 1987, S. 105) Mittels zahlreicher Verträge werden die Knotenpunkte markiert, frei nach dem oben zitierten Statement von Andy Warhol: Das Schönste an New York, an Venedig, an Bilbao, an Berlin usw. ist ein McGuggenheim. In der Tat ist die nächste Dependance in Peking angestrebt. Die Lizenz für internationale Ausstellungen basiert auf der Bilanz der mitwirkenden Ausstellungshäuser. Deshalb durfte das Kunstmuseum Wolfsburg der Stiftung Volkswagen, gesponsert von der Volkswagen AG, sich eine Ausstellung von einem autorisierten Kurator des Guggenheim-Konzerns einrichten lassen, passend zum Thema: Andy Warhol, A Factory.

Monopol

Das Guggenheim-Prinzip wird zur Folge haben, was bereits andere Star-Allianzen in anderen Wirtschaftszweigen bewirkt haben: Arbeitsplätze werden abgebaut, die Austragungsorte werden begrenzt auf wenige Metropolen oder jene, die sich dafür halten möchten. Die Ressourcen sind begrenzt, auch wenn der Wirtschaftsbereich Kultur gerade noch ausgebaut wird. Die Bedrohung, die vom Guggenheim-Prinzp ausgeht – neben dem etwas versnobten Spiel gesellschaftlicher Anerkennung, das noch ganz unterhaltsam sein kann, wenn man daran Freude hat –, ist, daß die Monopolisierung der Marktanteile in Gestalt von Kunstwerken voranschreitet, über die die Guggenheim-Foundation innerhalb der eigenen Sammlung verfügt, oder darüber hinaus auch durch Einfluß der in Honorarabhängigkeit stehenden Kuratoren an anderen Sammlungsbeständen. Die Konzentration auf auserkorene Spielstätten, vom Guggenheim-Vorstand lizensierte Austragungshäuser für exklusive Großausstellungen, wird zur Folge haben, daß eine kollegiale Zusammenarbeit zwischen Museen, gemäß dem Kodex der Berufsethik des ICOM, der Vergangenheit angehört.

Die Gütergemeinschaft der Museen der Welt wird zu einem Tauschkonzern, der nur noch dem Imperativ des Kosten-Nutzen-Denkens folgt, unter besonderer Berücksichtigung der Besteuerung der Kunstmotive auf Ausstellungsdevotionalien im angegliederten Museumsshop – die Einnahmen von dort fließen natürlich in die Guggenheim-Kasse. Wäre die Ausstellungshalle der Deutschen Guggenheim Berlin wirklich eine kulturelle Geste mit mäzenatischer Einstellung, wäre dort zumindest der Eintritt frei, sind doch die Leistungen, die in anderen öffentlichen Institutionen mit Eintrittsgeldern finanziert werden müssen, so ist zu vermuten, um ein Vielfaches bezahlt.

Das marktführende Monopol, das hier aufgebaut wird und mit seiner Faszination des Erfolgs schon längst die Gedanken vieler Verantwortlicher in Politik und Museen vernebelt hat, steht seiner Definition nach der Intention von Kultur, wie sie eben in der Haager Konvention verfaßt wurde, entgegen. Individualität und Vielfalt, zusammen mit deren freier Verfügbarkeit als Ausdruck des ideellen Gehalts, schwindet und mündet in eine streng überwachte Kapitaleinlage, deren mehrheitliche Anteile von der Guggenheim Foundation allmählich erworben werden wollen. Als Folge dieser Entwicklung wird jedes individuelle Kunstwerk auf seinen Tauschwert im Verhandlungspoker um Ausstellungsbeteiligungen reduziert und verliert gewissermaßen seine Identität, wie in gleicher Weise die Kuratoren der jeweiligen Tourneen ihre Autorenschaft einbüßen und hinter dem Firmenlogo ›Guggenheim‹ verschwinden.

Mit diesen drei Kategorien der ausgrenzenden Mitgliedschaft, der einengenden Monopolstellung sowie der entfremdenden Anonymisierung etabliert die Guggenheim Foundation einen Kulturbegriff, der nicht mehr eine europäische Wertetradition und Auffassung von der Funktion der Kultur mit Blick auf die Gesellschaft vertritt. Deshalb ist das Guggenheim-Prinzip gerade wegen seines berechenbaren Erfolgs mit Skepsis zu betrachten. Denkt man diese Entwicklung konsequent weiter, sollte in Zukunft ein für Kultur bereitgestellter Etat nicht mehr von den Ministerien verwaltet werden, die Kultur an irgendeiner Stelle im Briefkopf führen, sondern vom Wirtschaftsministerium aus deren Programm der Standortförderung. Das entspräche der geltenden Auffassung und wäre mit dieser Zuständigkeit ehrlicher. Bei der Deutschen Bank und anderen Unternehmen ist dies ja bereits der Fall, Kultur ist im Unternehmensbereich Kommunikation, Presse- und Öffentlichkeitsarbeit angesiedelt.

Der Kaufmann als Curator

Eine Variante der gespenstischen Globalisierung stellt in diesem Zusammenhang die erste Berlin-Biennale dar. Die Guggenheim-Kuratorin Nancy Spector war zunächst im Kuratoren-Trio, dann zählte sie zum Beraterstab. Die Berlin-Biennale folgt in ihrer Haltung gegenüber Kunst mehr einer ›Konzern-Philosophie‹, weniger einer Kunst-Philosophie, wie Eberhard von Mayntz, Hauptsponsor der Berlin-Biennale, in einem Fernsehbeitrag des Senders Freies Berlin deutlich macht: »Eine Ausstellung muß wie ein Unternehmen geführt werden, ausgerichtet an der Frage nach dem Produkt, der Marktanalyse, der Zielvorgabe. Dazu bedarf es kreativer Mitarbeiter, dies zu erreichen.« Künstler sind jedoch nicht gemeint. In dieser Aussage mit der absichtsvollen Vertauschung der Prämissen ist von Kunst wenig die Rede und das mit Recht, denn mit dieser Haltung könnte der Gegenstand der Ausstellung auch jedes Produkt sein, das man marktfähig machen will. Man muß den Eindruck gewinnen, daß es nicht um die Kunst und deren Inhalte als Auseinandersetzung um die bildnerische Wirklichkeit heute geht, sondern um die positive Besetzung mit Produkten, die den ›Standortfaktor‹ – sozusagen der Dow-Jones-Index für Stadtwerbung – steigern helfen.

Mit diesem Paradigmenwechsel ist der kommunikative Charakter von Kunst schon deshalb ausgeschaltet, weil über Kunst in der Fremdsprache der Wirtschaft gesprochen wird. Hier wird herkömmlichen Institutionen, denen als Fachrichtung die Erforschung von Kunst und ihrer Entwicklung zugesprochen war, der Gegenstand entzogen, mit dem Vorwurf, daß sie immer noch auf ihn allein bezogen sind. Die Bezeichnung »Idealist« wird zur Stigmatisierung und mit dem Vorwurf der Wirklichkeitsferne ist man ins Abseits gestellt. Diese Abseitsfalle schnappt immer zu, denn der kulturelle Wert wird ausschließlich marktorientiert bemessen, nicht mehr politisch, schon gar nicht anthropologisch. Deshalb bedarf es mehr denn je eines politisch begründeten und in europäischen Traditionen verankerten Kulturverständnisses, das die Gütergemeinschaft bewahrt und den gemeinschaftstiftenden Gehalt von Kultur erkennt und zu erhalten bereit ist.

Der Staats- und Verwaltungsrechtler Georg Müller, Professor an der Universität Zürich, hat in einem Beitrag für die Neue Züricher Zeitung vom 19. August 1996 davor gewarnt, in einem Gemeinwesen besondere öffentliche Interessen aufzugeben: »Staatliches Handeln muß nicht nur effizient und effektiv, sondern auch gerecht und demokratisch legitimiert sein und politisch verantwortet werden können.« Dadurch unterscheidet sich der Staat von jedem Unternehmen, das der Kundenorientierung verpflichtet ist. Nach dem Vorbild der Allianzen und der damit einhergehenden Vermischung von politischem und privatwirtschaftlichem Handeln verlieren jedoch das Guggenheim-Prinzip und mit ihm vergleichbare Auffassungen an Kontur. »Der Staat wird von einer dienenden Organisation zu einem verdienenden Unternehmen. Das führt zu einer Entfremdung zwischen dem Staat und seinen Bürgern, die sich nicht mehr beschützt und zugehörig fühlen ...«

Das Guggenheim-Prinzip unterläuft gewachsene Arbeitsstrukturen öffentlicher Kultureinrichtungen mit dem Ergebnis, daß Konservatoren zu Konkurrenten werden um das Falsche. Wettbewerb im Dienst der Städte auszutragen ist nicht das Forschungs- und Ausbildungsziel der Kunstgeschichte, es kann nicht die zentrale Aufgabe der kommunalen Museen sein, aber ein Effekt. Die Kunst, auch die Künstler und Kustoden, sind also längst instrumentalisiert, oder mit Marx gesprochen: »entfremdet«. Mit seiner Analyse der gesellschaftlichen Ordnung wird Marx spätestens seit dem »globalplayer«-Statement von Thomas Krens als Analytiker wiederentdeckt, weniger als Utopist. Man kann Marx passagenweise zitieren, ohne daß sich der Text als Gedankengut des 19. Jahrhunderts verrät. So greift Walter Grasskamp in seiner jüngsten Publikation ›Kunst und Geld – Szenen einer Mischehe‹ (München 1998) auf Karl Marx zurück, um ihn als Kronzeugen anzuführen, der »die Vorherrschaft der Ökonomie über alle Bereiche der Gesellschaft« erkannte. »Der Rückzug der öffentlichen Hand aus der Kulturfinanzierung gibt ihnen [gemeint sind die intellektuellen Wiederentdecker Marxscher Theorien, Anm. d. Verf.] recht, findet dabei doch eine Überantwortung der Kultur an die Ökonomie in zwei Hinsichten statt: Sie wird nicht nur an Sponsoren und ihre Werbeinteressen preisgegeben, sondern auch an ökonomischen Erfolgsmaßstäben gemessen, die ein bürgerlicher, ja gerade auch ein konservativer Politiker des 19. Jahrhunderts noch empört als unangemessen und barbarisch verworfen hätte« (Grasskamp, S. 68).

Das Guggenheim-Prinzip negiert mit seiner aggressiven Strategie den unideologischen Anspruch von Kultur auf ihre gemeinschaftliche Eigenschaft. Verhandlungen des Marktführers Guggenheim um weitere Marktanteile, Vermarktungsrechte und Planung von Leihgaben, auch solcher, die sich nicht in der Verfügungsgewalt der Guggenheim-Sammlung befinden, sind geprägt von der Geben-Nehmen-Struktur, über deren Details sich hier andere Kapitel anschließen könnten. Dieser Ausbeutung zum Trotz bleibt es ein Trost, der immer noch von der Kunst, ihren Werken und hervorragendsten Autoren ausgeht, daß der freie Blick auf sie das intellektuelle Copyright nicht verfügbar macht und in eben diesem Sich-Entziehen die Kunst sich nach wie vor als öffentliches Gedankengut behauptet.

Christoph Vitali

Les »Must« de Guggenheim

Als Thomas Krens im Jahre 1988 zum Direktor des Guggenheim Museum in New York berufen wurde, oder besser der Solomon R. Guggenheim Foundation, denn schon damals verfügte die Institution mit der Peggy Guggenheim Collection in Venedig über eine zweite wichtige Adresse in der Kunstwelt, war die Überraschung groß. Kaum jemand kannte den immerhin schon 42jährigen, der bis dahin das kleine Universitätsmuseum in Williamstown hoch oben im Staate Massachusetts geleitet hatte, wo er auch sein Studium der Kunstgeschichte, aber auch der Wirtschaftswissenschaft und des Computerwesens absolviert hatte. Daß sich die kleine Universität in aller Stille zu einer wahren Kaderschmiede für Kunsthistoriker und Museumsleiter entwickelt hatte, wurde erst Jahre später deutlich. Kirk Varnedoe, heute Leiter der Abteilung für Malerei und Skulptur am Museum of Modern Art in New York, und David Ross, bis eben noch Direktor des New Yorker Whitney und jetzt des Museum of Modern Art in San Francisco, sind nur zwei davon. Sie haben beide mit Krens im selben Jahrgang in Williamstown studiert.

Im Moment des Direktionswechsels stand die renommierte New Yorker Institution unmittelbar vor einer existenzbedrohenden Krise. Diese Feststellung muß fairerweise an den Anfang einer jeden kritischen Würdigung der gerade einmal zehnjährigen Ära Krens gestellt werden, und Krens selber hat sie in den erregten öffentlichen Diskussionen seiner Arbeit vor allem in den ersten Jahren zu Recht allen Vorwürfen entgegengesetzt. Sein Vorgänger, Thomas M. Messer, in der Tschechoslowakei geboren und ein Museumsmann ganz anderer, eben europäischer Tradition, sah dies damals und sieht es heute noch nicht anders. Er hatte selber Krens als Nachfolger ins Gespräch gebracht und war damit für den überraschenden Neubeginn mitverantwortlich. In einem Gespräch hat er mir die damalige Situation und seine Überlegungen dazu beschrieben.

Das Museum habe, als er emeritiert wurde, die Grenzen seiner Möglichkeit erreicht oder bereits überschritten gehabt. Diese scheinbar unermeßlich großzügige Dotation des Stifters reichte wegen der Geldentwertung und der angewachsenen Aufgaben des Museums nicht mehr aus, um auch nur die festen Kosten des Personals, des Betriebs und des Gebäudeunterhalts zu decken. Ausstellungen mußten sich selber tragen oder mit zusätzlichen Sponsorleistungen finanziert werden, deren Einwerbung sich als immer schwieriger erwies. Die Pläne der längst unabdingbar gewordenen Museumserweiterung hatten nicht die geringste Realisierungschance.»Hätte Solomon R. dies auch nur geahnt, es wäre ihm ein Leichtes gewesen, das Stiftungsvermögen zu verdoppeln oder gar zu vervielfältigen. Er war aber und durfte der Meinung sein, für alle Eventualitäten vorgesorgt zu haben. Noch nicht 50 Jahre nach der Gründung standen wir dennoch vor dem finanziellen Aus.«

Es war Messer und den damals im Stiftungsrat Verantwortlichen deshalb klar, daß ein Neubeginn gewagt und seiner künstlerisch höchst erfolgreichen Amtszeit eine andere mit neuen Akzenten und neuen Strategien folgen mußte. Der Masterplan, der beschlossen wurde oder vermutlich erst im Laufe der Jahre im Kopf von Krens Gestalt annahm, läßt sich wie folgt umschreiben: Da die finanzielle Alimentierung des Hauses manifesterweise hinten und vorn nicht mehr ausreichte, mußte auf zwei bisher nicht oder nur ungenügend genutzte Ressourcen zugegriffen werden, und dies ohne Rücksicht auf Verluste: auf das schiere Prestige einerseits und die Sammlung, die es begründete, zum anderen. Mit der Verpfändung der letzteren wurde zuerst der schon von Messer geplante, aber aussichtslos erscheinende, ambitionierte Erweiterungsbau finanziert, sie wurde gegen Obligationen verpfändet, hätte also, wenn diese nicht fristgerecht zurückbezahlt hätten werden können, verkauft werden müssen. Sammlung und Guggenheim-Renommee dienten überdies dazu, eine hochfliegende Fundraising-Kampagne zu lancieren, die sich längst nicht mehr nur auf New York oder die Vereinigten Staaten beschränkte, sondern ein kompliziertes Netzwerk mit Filialunternehmen quer über den Globus zu spannen trachtete. Ich habe das hektische Treiben damals aus nächster Nähe miterlebt, weil ich in den späten achtziger Jahren zusammen mit dem Guggenheim und Krens eine große Übersichtsausstellung über die russische Avantgarde plante, ›Die Große Utopie‹, die meine ganze Kraft in Anspruch nahm, für Krens aber höchstens eine beiläufige Feierabendbeschäftigung war. Kaum waren wir zu wichtigen Gesprächen mit unseren Partnern in Museum und Regierung in Moskau oder Leningrad, wie es damals noch hieß, eingetroffen, flog Krens weiter nach Japan oder Australien oder zurück nach Venedig, Salzburg oder New York. Von den zahlreichen Projekten, die dabei angedacht oder entworfen wurden, haben zahlreiche nicht einmal das Tageslicht erblickt oder sind nach einer langen Planungsagonie sanft entschlafen, wie das in den Mönchsberg in Salzburg zu sprengende Museum von Hans Hollein oder Dependancen in Moskau, China und Japan. Es gehört allerdings zu Krens' Stärken, daß er an Projekten lange beharrlich und wider alle Vernunft festhielt. So wurde am Projekt des Mass. MOCA über Jahre geplant, eines gigantischen Zentrums für zeitgenössische Kunst in einer riesigen aufgelassenen Fabrik im heimatlichen Williamstown, für das Krens mit dem Erlös eines höchst kontroversen Verkaufs von drei Hauptwerken von Kandinsky, Modigliani und Chagall die ebenso umstrittene Minimal-Art-Sammlung des Grafen Panza di Biumo angekauft hatte, und aufgegeben ist es, wenn mein Informationsstand richtig ist, bis heute nicht.

Dazwischen galt es immer wieder, in New York und in Venedig, in den beiden bestehenden Häusern, die Fronten zu begradigen, zuerst mit den Vertretern der Thannhauser Stiftung, weil immer wieder entgegen der Stiftungssatzung deren dem Guggenheim als Schenkung überlassene Werke des Impressionismus und Postimpressionismus auf die Reise zu Ausstellungen geschickt wurden, die die weltweiten Beziehungen des Guggenheim befördern sollten. Die Erben von Peggy Guggenheim strengten sogar einen Prozeß an, weil die Sammlung im Palazzo Venier am Canal Grande meist nur sehr unvollständig zu sehen sei und für andere Zwecke instrumentalisiert werde. In einem aufsehenerregenden letztinstanzlichen Entscheid wurde die Klage abgewiesen und die Mobilität der Kunst bejaht. In die schon bestehenden Aufsichtsgremien der Guggenheim Foundation und in noch neugegründete wurden schillernde prominente Persönlichkeiten berufen, wie Nachtpfauenaugen aufgespießt in einer Schmetterlingssammlung. Deren Zusammenkünfte gestalten sich zu rauschenden Festen der internationalen Kunst-Schickeria.

Bisheriger Höhepunkt im Aufbau des Global-Guggenheim waren im letzten Jahr die Eröffnung des Guggenheim Bilbao und nur wenige Wochen später einer weiteren Niederlassung in Berlin. Das Ende ist damit längst nicht erreicht. Weitere Filialen in Korea und Südamerika sind bereits in Planung. Eine staunenerregende, fast beispiellose Erfolgsgeschichte.

Es ist nur natürlich, daß bei einer Tour de Force, einem Kraftakt, wie ihn Krens in den letzten zehn Jahren unternommen hat und der ihn und die verblüfften Zuschauer kaum zu Atem kommen ließ, sich auch Verwerfungen, Brüche und Widersprüchlichkeiten einstellen. An ihnen entzündete sich und entzündet sich noch immer die Kritik, und sie sind, dies muß gesagt werden, so gravierend, daß sie immer wieder den Glanz des Erreichten zu verdunkeln drohen. Die Fragwürdigkeit eines weltumspannenden Museumsmultis Guggenheim beginnt bei der Sammlung selber. Immer wieder hat Krens mit der Größe seiner Sammlung argumentiert und die Expansionsgelüste damit gerechtfertigt, daß nur ein Bruchteil dieser Sammlung in New York im Stammhaus gezeigt werden könne. Dies ist richtig und falsch zugleich. Richtig ist, daß im Frank-Lloyd-Wright-Bau an der Fifth Avenue auch in den sechziger und siebziger Jahren stets nur ein geringer Teil der Sammlung zu sehen war. Richtig ist aber auch, daß diese Sammlung keineswegs unermeßlich groß ist, nicht vergleichbar etwa der Sammlung des Museum of Modern Art und schon gar nicht den allumfassenden enzyklopädischen Sammlungen des Metropolitan Museums oder des Louvre. Erstklassig sind in der Sammlung des Guggenheim deutlich weniger als 1000 Werke, sie ist im internationalen Vergleich also eher eine mittlere oder sogar kleine Sammlung. Und um diesen verhältnismäßig kleinen hochkarätigen Sammlungs-Nukleus sollen sich nun das Stammhaus und eine Vielzahl von Dependancen in aller Welt in Zukunft streiten? Wrights berühmte Große Schnecke in Uptown Manhattan war nicht groß genug, um neben wichtigen Ausstellungen auch der Sammlung permanent gebührend Raum zu geben. Aus diesem Grund planten die Vorgänger von Krens einen Erweiterungsbau. Krens hat ihn realisiert, und dennoch ist von der Sammlung in New York kaum mehr zu sehen als früher, wiewohl dem Guggenheim in Soho am Broadway weitere großzügige Ausstellungsräume hinzugefügt wurden, eigentlich ein ganzes neues Ausstellungshaus. Weil die Sammlung bekanntlich anderswo benötigt wird, sind im Stammhaus samt Erweiterungsbau up-town und im Ausstellungshaus downtown immer ausufernde Wechselausstellungen zu sehen.

Wollte man sich mit der Entscheidung für eine weltweit ständig auf Wanderschaft befindliche Sammlung einerseits und Großausstellungen in New York andererseits anfreunden, müßten doch die letzteren einem durchgehenden Qualitätsanspruch genügen, der die Absenz und manifeste Vernachlässigung der Sammlung verschmerzen ließe. Dies hat sich zumindest in der Vergangenheit leider jedoch nicht bewiesen. Zu zufällig und konturlos waren hierfür die Ausstellungen sowohl im Stammhaus am Central Park wie auch in Soho. Während in den sechziger und siebziger Jahren das Ausstellungsprogramm des Guggenheim klar definierten und auch innovativen Linien folgte, etwa die damals in Amerika noch weithin unbekannte europäische Nachkriegskunst in einer Reihe großer Retrospektiven von Dubuffet, Chillida, Tapiés und Beuys, um nur einige Namen zu nennen, in der neuen Welt heimisch gemacht wurde, ist Ähnliches für das vergangene Jahr nicht zu erkennen. Durchaus verdienstvollen und zu Recht hochgelobten Ausstellungen wie etwa Carmen Gimenez' Skulpturenschau ›The Age of Iron‹, deren Protagonisten Julio Gonzalez und Picasso waren, folgten immer wieder Verlegenheitsveranstaltungen, Füllsel und Notnägel oder modische Lifestyleevents wie die pubertäre, industrie- und sponsornahe Motorradausstellung. Die Beliebigkeit des Ausstellungsprogramms ist auch ein Ausfluß des eklatanten Fehlens eines verschworenen, konstruktiv zusammenarbeitenden Leitungsteams. Neben dem Direktor, der ständig weltweit auf Achse ist, gibt es zuhause kaum eine koordinierende und integrierende Kraft. Ausstellungsmacher wie die bereits erwähnte Spanierin Carmen Gimenez, der Italiener Germano Celant oder der Amerikaner Mark Rosenthal tauchen wie Sternschnuppen zur Betreuung von Einzelprojekten am Guggenheim-Firmament auf und verglühen danach rasch wieder, ohne Spuren zu hinterlassen.

Die weltweiten Umtriebe des Guggenheim kann man kaum beobachten, ohne den schalen Nachgeschmack des Kulturimperialismus im Mund zu verspüren. War die baskische Regionalregierung wirklich gut beraten, als sie sich auf die Zusammenarbeit mit dem New Yorker Nobelmuseum einließ? Von ihr profitiert fraglos das Guggenheim, trägt doch die baskische Regierung alle Betriebskosten in Bilbao, gibt dem Stammhaus in New York kräftige Finanzspritzen und finanziert darüber hinaus Ankäufe des Guggenheim in beträchtlichem Umfang, über deren Verbleib im Baskenland es offenbar keine wirklichen Garantien gibt. Wäre es für sie nicht klüger gewesen, dasselbe Geld in ein bescheideneres Projekt zu investieren, das dafür wirklich autochthon und im eigenen Lande zu kontrollieren und zu steuern gewesen wäre?

A propos Bilbao: Es ist bemerkenswert, wie sich bei allen Neuaufbrüchen des Guggenheim seit 1988 dennoch wenigstens eine inhaltliche Linie von der vorhergehenden zur neuen Ära Krens in der Museumsarchitektur fortsetzt. So problematisch das New Yorker Haus von Frank Lloyd Wright, den Spötter in den Vereinigten Staaten wegen seines Museumsbaus auch Frank Lloyd Wrong nennen, für die Ausstellung von Kunst ist, so prekär ist das Verhältnis zwischen Architektur und vorbestimmter Nutzung auch bei Frank O. Gehrys gigantischem Raumschiff in Bilbao. Spektakuläre, grandiose Bauten und bahnbrechend innovative Architektur sind beide Häuser, als Museum sind sie in gleicher Weise ungeeignet.[1] Konnte die Guggenheim Dependance in Bilbao noch für sich in Anspruch nehmen, daß sie in einer Gegend hochgezogen wurde, die durch die Krise der Schwerindustrie fast über Nacht aus einem blühenden Industrieland zu einer Depressionszone und einer kulturellen Wüste verkommen war und sich zudem in Spanien in einem Land befindet, das die Moderne während der Franco-Diktatur bis in die siebziger Jahre fast vollständig verschlafen hatte und deshalb auch in ihren Zentren Madrid und Barcelona kaum über Werke der Kunst des 20. Jahrhunderts, nicht einmal der eigenen, verfügt, so gilt dies natürlich in keiner Weise für die nur wenige Wochen danach eröffnete Filiale in Berlin. Den Verantwortlichen der Deutschen Bank, die dieses Unternehmen möglich machten, kann nicht entgangen sein, daß es in der neuen Hauptstadt eine Vielzahl von Museen gibt, deren künstlerische Substanz geballt, aber auch einzeln diejenige des New Yorker Instituts als zwergenhaft erscheinen läßt, deren bauliche und finanzielle Disparatheit aber gleichzeitig gebieterisch nach einem hilfreichen Engagement des größten deutschen Kreditinstituts ge-

---

[1] Die tragende Grundidee von Wrights Konzept für sein Guggenheim Museum war die Erfindung der Rampe, an der die Ausstellungskubikel angeordnet sind, und von der aus der Besucher die Exponate fast schwerelos heruntergehend betrachten soll. Für diese besucherfreundliche Idee nahm der Architekt das Fehlen großer abstandschaffender Räume und die geneigten Wandflächen mit ihren schrägen Winkeln in Kauf, die das Einrichten fast einer jeden Ausstellung außerordentlich erschweren. Es ist eine seltsame Ironie, daß diese Grundidee in den Ausstellungen der letzten Jahre fast durchgehend in ihr Gegenteil verkehrt wurde. Weil in dem sich an die Schnecke anschließenden Erweiterungsbau nur in den oberen Geschossen größere und höhere Räume zur Verfügung stehen und weil die großen Maler unseres Jahrhunderts im Laufe ihres Schaffens meist von kleinformatigen zu größeren Werken avancierten, sind die großen Retrospektiven im Guggenheim nun regelmäßig chronologisch von unten nach oben angeordnet. Der Besucher muß jetzt also beschwerlich nach oben steigen, statt sich nach unten tragen zu lassen.

rufen hätte. Warum haben sie sich dennoch entschlossen, mehrere Millionen jährlich nicht in eines der überreichen, aber notleidenden Berliner Museen zu investieren, sondern für eine geringe Gegenleistung in die »Deutsche Guggenheim«?

Die Antwort auf diese Frage führt mitten ins Zentrum der Erklärung des Guggenheim-Phänomens. Die Deutschbanker haben sich für Guggenheim entschieden, weil mit diesem Label ein das Bankhaus schmückendes prestigeträchtiges und schickes Flair verbunden zu sein schien. Thomas Krens ist es gelungen, die Marke Guggenheim zu kreieren, eine Marke, die nicht mehr so sehr für eine einzigartige museale Sammlung oder eine exemplarische Ausstellungsarbeit steht, sondern in ganz ähnlicher Weise, wie die Firmen, die das Institut unterstützen und als Sponsor finanzieren, von Hugo Boss bis Lufthansa, für einen Lebensstil, ein Parfum ohne Duft. Dies ist die eigentliche, großartige Marketingleistung, die er fast als Einzelkämpfer vollbracht hat.

Wieweit, dies ist die Frage, die wir uns am Schluß stellen wollen, kann das Guggenheim-Prinzip Vorbildcharakter für andere Museen haben, soll es als Modell für den auch in Europa reformbedürftigen Kulturbetrieb empfohlen werden? Bei aller berechtigten Kritik, wie ich meine, in zweierlei Hinsicht. Es ist sicherlich nicht erforderlich oder ratsam, daß die großen Museen in Europa nun ihrerseits die Welt mit einem Netz von Zweigstellen überziehen, obwohl sie dazu, wie gezeigt wurde, kraft der schieren Größe ihrer Sammlungen sehr viel eher in der Lage wären als das kleine New Yorker Guggenheim. Aber ernstliche Gedanken darüber, wie die unermeßlichen Schätze, die sich in ihren unzugänglichen Depots häufen, wieder reaktiviert und öffentlich gemacht werden könnten, sollten sie sich schon machen. Das lebendige Museum, dessen Bestände nicht in ewig gleicher Anordnung und musealer Erstarrung in der Schausammlung einerseits und in den Depots andererseits verharren, ist zweifellos ein Ziel, das von Guggenheim zumindest partiell zu übernehmen wäre, wenn natürlich auch nicht der weltweiten Verschiebung der Sammlung wie auf einem Schachbrett das Wort geredet werden soll. Überhaupt ist es die Radikalität des Reformansatzes des Guggenheim, die bei allen Vorbehalten inhaltlicher Natur beeindruckt und zur Nachahmung empfohlen werden kann. Die Nähe zu privaten Geldgebern, in die sich das Guggenheim begeben hat, ist in der ganz anderen, mit öffentlichen Geldern zum Glück sehr viel stärker abgesicherten kontinentaleuropäischen Kulturlandschaft fraglos weder erforderlich noch ratsam. Bewundernswert ist jedoch die Entschlossenheit und der Mut, aus eigener Kraft einen Lösungsansatz für die eigenen Finanznöte zu finden. Aus dem Abenteuer einer vollständigen und radikalen Erneuerung, auf das sich Thomas Krens vor zehn Jahren mit seinem Haus eingelassen hat und dessen glücklicher Ausgang noch keineswegs feststeht, spricht ein eindrückliches Bewußtsein der eigenen Kraft und der Bedeutung des von ihm vertretenen Museums, wie es vielen kleinmütigen Kunstverwaltern hierzulande in ihren Bemühungen um öffentliche oder private Alimentierung ihrer Häuser nur gewünscht werden kann. Hierfür gebührt ihm auch unsere Bewunderung und Anerkennung.

Peter Iden
Ein Museum als Weltreich

1992 zeigte sich das New Yorker Guggenheim in neuer Gestalt und mit vielen Plänen für eine überseeische Expansion

Lange Schlangen, von Polizei reguliert, vor der katholischen Saint Patrick's Cathedral am teuersten Abschnitt der Fifth Avenue. Es ist Aschermittwoch, und in hellen Scharen stehen die Bewohner Manhattans an, um sich vor dem Lunch von den Priestern im Inneren der neugotischen Kirche ein Aschekreuz auf die Stirn zeichnen zu lassen: Der Gegensatz öffentlich zur Schau gestellter, frommer Bußfertigkeit und des in dieser Umgebung, wie so an keinem anderen Ort der Welt, öffentlich auftrumpfenden Reichtums und Luxus ist größer kaum denkbar. Auf den Handzetteln, die verteilt werden, wird die Aufforderung zu Buße und Umkehr politisch begründet – vor einem Jahr habe Amerika, lesen wir, am Golf Krieg geführt, nach dem Sieg habe der Präsident für die Zukunft eine freundlichere, mildere Nation versprochen (»a kinder, gentler nation«). Aber, wird gefragt, was ist aus dem Versprechen geworden? Ein »milderes Land« sei Amerika heute doch nur für die, die Arbeit, die »richtige« Herkunft und Ausbildung, eine Krankenversicherung hätten und nicht mit Aids geschlagen seien. Daß die Zahl der Notleidenden täglich unfreundlich wachse – dafür vor allem werden an diesem Tag kollektive Reue und Buße gefordert.

Mit einer bestürzenden Statistik belegt die »New York Times« am nächsten Tag die tatsächlich horrende Entwicklung des privaten Reichtums einer schmalen Schicht, dem in diesen Zeiten wirtschaftlicher Rezession die im Stadtbild allenthalben auffällige Armut breiter Massen skandalös entgegensteht: Von den Gewinnen aus dem während der vorausgegangenen zwölf Jahre einer günstigen Wirtschaftsentwicklung (zwischen 1977 und 1989) gewachsenen Bruttosozialprodukt fallen siebenundsiebzig Prozent an ein Prozent der reichsten Haushalte der USA. Das krasse Mißverhältnis der Verteilung wird noch dadurch verschärft, daß der Steueranteil am Zugewinn dieser vermögendsten Klasse von 660 000 Familien prozentual beträchtlich unter dem aller übrigen Haushalte liegt. Das heißt: die Reichen sind reicher geworden, aber der Staat hat für die Aufgaben der Gemeinschaft (durch die vorteilhaften Bedingungen der Steuerabschreibung für große Vermögen) nur unterdurchschnittlich von den Gewinnen abschöpfen können. Die Folgen dieser Schieflage der Verhältnisse zeigen sich nicht zuletzt in der Kulturszene. Immer schon waren die Förderungsprogramme der öffentlichen Hand für kulturelle Aktivitäten und Institute im Vergleich mit der westeuropäischen Praxis finanziell außerordentlich dürftig ausgestattet, ohne private Sponsoren ging etwa an den Museen oder den (wenigen) nichtkommerziellen Theatern fast nichts. Die Mittel des einzigen zentralen staatlichen Programms, des »Endowment for the Arts«, waren seit dem Amtsantritt Ronald Reagans ständigen Kürzungen (und noch dazu inhaltlichen Auflagen mit Zensurcharakter) unterworfen. An diesem Abbau hat sich unter dem Präsidenten Bush nichts geändert. Bush ist jetzt im Vorwahlkampf (den »preliminaries«) um die neuerliche Nominierung als Kandidat der Republikaner für die kommenden Präsidentschaftswahlen von dem republikanischen Konkurrenten Buchanan, einem Rechten mit starken Vorbehalten gegen jede Form von Emanzipation im privaten wie im öffentlichen Leben, für die vermeintliche »Liberalität« der Verantwortlichen des »Endowement for the Arts« angegriffen worden, Werbespots im Fernsehen unterstellten dem Präsidenten, es ginge dabei um durch den Fonds unterstützte Ausstellungen des Fotografen Mappelthorpe, eine Neigung zur Pornographie – statt sich zur Notwendigkeit einer unzensierten Kunstförderung zu bekennen, hat Bush den Direktor des Fonds entlassen. Der Vorgang ist bezeichnend: Von Washington haben die Künstler und ihre Institute kaum noch mit Hilfen zu rechnen.

So wird man in New York von vielen Seiten auf die Einschränkung der Programme besonders von Theatern, aber auch renommierter Museen wie dem in Brooklyn hingewiesen. Sogar die immer optimistische und kämpferischen Ellen Stewart, mit ihrem La MaMa-Theatre in SoHo seit den sechziger Jahren die wichtigste und berühmteste Theaterleiterin Amerikas, die stets an der Armutsgrenze operiert hat und doch, bewundernswert erfindungsreich in der Beschaffung von Mitteln, den Spielbetrieb ihrer Bühne noch immer aufrechterhalten konnte, sogar Ellen Stewart tritt jetzt vor das Publikum der Aufführungen im La MaMa und spricht resigniert davon, daß man im Begriff sei, an einer der wahrscheinlich letzten Vorstellungen teilzunehmen: Das Haus, das über Jahrzehnte ein Ort der Avantgarde des amerikanischen Theaters gewesen ist, vielen der später großen Namen der Bühne, Dichtern, Regisseuren, Choreographen und Schauspielern den Start ermöglicht hatte, steht vor der Schließung.

Unter den Künstlern, nicht nur den Theaterleuten am La MaMa, sondern auch unter fast allen der Musiker und bildenden Künstler New Yorks, wenn sie nicht gerade zur winzigen Kaste der Weltberühmten zählen, grassiert eine bei uns so gar nicht vorstellbare Mittellosigkeit. Ein paar Maler haben wir getroffen, die sogar schon in Europa ausgestellt haben und bekannt sind – und sich in New York mit Hilfsarbeiten über Wasser halten müssen, die mit der Ausübung ihrer Kunst nichts zu tun haben. Die Ankaufetats der meisten Museen stehen auf Null, öffentliche Projekte sind nicht in Sicht, die Kultur hat politisch keinerlei Lobby: Es scheint, als wolle das große und immer noch reiche Amerika seine Künstler nicht mehr wahrnehmen.

Doch es fehlt nicht nur an Unterstützung durch die öffentliche Hand. Auch die privaten Mäzene und besonders die Käufer von Kunst halten sich spürbar zurück. So beziffern sowohl der Doyen der New Yorker Kunsthändler, der seriöse Leo Castelli, wie der aggressive jüngere Galerist Forster Goldstrom den Rückgang der Umsätze im

Handel mit zeitgenössischer Kunst gleichlautend auf neunzig Prozent, der Direktor des Versteigerungshauses Sotheby's spricht etwas vorsichtiger immerhin noch von siebzig Prozent. An den Programmen der Galerien in SoHo und längs der 57. Straße macht sich das in der neueren Geschichte des Handels beispiellose Absinken des Kaufinteresses zunächst weniger in der Schließung von Galerien als darin bemerkbar, daß die Ausstellungen, möglichst wenig riskierend, sich deutlich dem vermuteten Geschmack eines breiten Publikums anzuschmiegen versuchen. Noch nie waren auf den Leinwänden in den Galerien Manhattans so viele bunte, Zuversicht propagierende Idyllen zu sehen wie in dieser Saison: Die Wüste malt sich als Blumengarten.

Vor diesem Hintergrund einer progredierenden Verelendung der amerikanischen Kulturszene ist das Projekt der großzügigen Renovierung und Erweiterung des Guggenheim-Museums an der oberen Fifth Avenue um so erstaunlicher. Hier wird noch einmal das Vorhaben verwirklicht, das wie eine monumentale Erinnerung aus einer vergangenen Epoche des Kunst-Booms in heute eher dürre Zeiten herüberreicht. Über den Stand der Realisierung und die weiterführenden Pläne hat der Direktor des Museums, Thomas Krens, kürzlich einige Vertreter österreichischer und deutscher Zeitungen vor Ort ausführlich unterrichtet. Die Gäste lernten dabei eine Initiative kennen, die, kurz vor dem Ende des Jahrhunderts, die Idee des Museums moderner Kunst neu definiert und in Dimensionen konzipiert, für die es bis dahin keinen Vergleich gibt.

Das Vorhaben ist mehrteilig. Kernstück ist die Generalüberholung des Bauwerks von Frank Lloyd Wright, dessen Gestalt selbst eine Inkunabel der Kunst des Jahrhunderts ist, und die Ergänzung durch einen Anbau. Hinzu kommt der Neubau eines zweistöckigen Ausstellungshauses durch den japanischen Architekten Isozaki in SoHo. Die nächsten Maßnahmen gelten der internationalen Expansion des Guggenheim: Neben der schon länger existierenden Dependance in Venedig wird es in einigen Jahren ein Guggenheim im spanischen

Guggenheim Museum, New York, vorn Charles Gwathmey, Architekt der scheibenförmigen Extension.

Bilbao geben, die Verträge darüber sind abgeschlossen, der Entwurf des Kaliforniers Frank Gehry liegt vor und ist von den Spaniern wie von der New Yorker Zentrale akzeptiert. Wie das beschlossene Haus für Bilbao soll auch eine weitere neue Niederlassung des Guggenheim in Salzburg mit den Beständen aus den Depots des amerikanischen Mutterhauses bestückt werden: Diese Kunststätte hat der Wiener Hans Hollein als ein »Museum im Berg« geplant, es soll seinen Ort nämlich im Salzburger Mönchsberg haben, zweifellos eine der kühnsten Museumsplanungen aller Zeiten.

Die Entwurfszeichnung Frank Lloyd Wrights aus dem Jahr 1949, entstanden zehn Jahre vor der Eröffnung des Museums, mit dessen Planung der Architekt sich seit Beginn der vierziger Jahre beschäftigt hatte, zeigt die berühmte Rotunde mit dem flacheren Nebengebäude zur Linken, hinter dem sich ein schmaler Hochbau mit durch Fensteröffnungen stark gerasterten Fassade erhebt. Dieser Teil des Komplexes wurde seinerzeit aus Kostengründen nicht gebaut: Er ist der Gesamtanlage jetzt hinzugefügt, gleichsam nachgetragen worden, in gegenüber der ursprünglichen Vorstellung von Wright leicht veränderter Form, nämlich mit nur vier, horizontal übereinander angebrachten, schlitzartigen Öffnungen im Zentrum der Fassade.

Dieser Anbau ist in New York heftig kritisiert worden. In einundzwanzig Prozessen, die Kosten in Höhe von drei Millionen Dollar verursachten, ist er schließlich gegen den Protest vor allem von Anliegern und Denkmalschützern von der Museumsleitung durchgesetzt worden. Das insgesamt zehnstöckige Hochhaus wird neben Räumen für Werkstätten und Verwaltung auf vier Doppelgeschossen längliche Ausstellungssäle anbieten, mit stark rhythmisierten Decken und jeweils rechteckig (die Raumwirkung störend) eingeschnittenen Segmenten für Fahrstuhl und Treppenabgang. Tatsächlich wird die Wahrnehmung sowohl der äußeren Form wie des Zuschnitts der Räume im Inneren einer gewissen Gewöhnung bedürfen: Dem ersten Blick gelingt es nur schwer, die dynamische Rundform und das wuchtig dahinter aufgerichtete Rechteck als sinnvolles Spannungsverhältnis zu erfassen; die Säle hinter der seltsam stumpfen Fassade wirken eher bieder.

Der Vorzug des Anbaus liegt vor allem in der Entlastung, die in Zukunft Wrights großer Rotunde und deren flachem Nebengebäude im praktischen Museumsbetrieb zuteil werden wird. Beide werden nämlich mit der Wiedereröffnung des Guggenheim im kommenden Juni (nach dann zweijähriger Schließung) ausschließlich für Ausstellungszwecke genutzt werden können – nachdem sie bisher auch Teile der Verwaltung aufgenommen hatten, wodurch bauliche Veränderungen der Innenarchitektur von Wrights Entwurf notwendig geworden waren. Diese Eingriffe in die originalen Pläne konnten nun korrigiert werden. Die Renovierungsarbeiten am Haupthaus kommen also auch einer Rekonstruktion des ursprünglich beabsichtigten Zustandes gleich, es ist hier, hinsichtlich der Urform des

Guggenheim Museum, New York, Blick in die Glaskuppel über der Rotunde.

Gebäudes, in vielen Details fast eine Art von Archäologie betrieben worden. Die Akribie der Wiederherstellung hat schließlich auch die Gegner des An- und Umbaus für das schwierige Unternehmen gewonnen.

Für das Publikum am auffälligsten verwandelt wird sich die Rotunde selbst mit dem ansteigenden Umlauf in ihrem Inneren präsentieren. Verwandelt zunächst durch die neue Verglasung des Dachs, die einen besseren Einfall von Tageslicht möglich macht. Auch für die Nischen längs der in sechs Bögen sich hinauf (oder hinab) windenden Galerie hatte Wright Tageslicht vorgesehen, die entsprechenden Durchlässe, bisher abgedeckt, sind nun freigelegt worden. Die bessere Lichtzuführung und ein hellerer Anstrich der Wände lassen den Innenraum jetzt kälter wirken als früher, zugleich kommt aber das Abenteuer dieser Architektur so noch dramatischer zur Geltung.

Und eines der großen Abenteuer der Moderne ist das Erlebnis der Guggenheim-Rotunde ja noch immer: Atemberaubend ist, vom höchsten Punkt unter der gläsernen Kuppel hinabschauend, der Sturz der Bögen, mitreißend diese nachgerade tollkühne Dynamisierung eines Innenraums. Jetzt noch unbestreitbarer als zuvor zeigt sich das Haus als selber ein Kunstwerk, eines der erstaunlichsten unter den Werken der Kunst in diesem Jahrhundert. Überzeugend darum die Absicht von Thomas Krens, die Rotunde nicht mehr, wie bisher, als Bildergalerie zu nehmen, sondern sie nur für solche Kunst-Installationen noch freizugeben, die den Innenraum selbst als ganzen bespielen und thematisieren. Ein Licht-Environment von Dan Flavin wird zur Eröffnung in diesem Sinne den Anfang machen. Erst der Anbau hat diese Radikalität möglich gemacht, weil dort nun Raum ist, die Gemälde und Skulpturen der Sammlung des Guggenheim aus der Rotunde abzuziehen. Im Annex wird bald eine Auswahl aus den Beständen zu sehen sein, die mit dem ältesten Bild, einem Gemälde Pissarros von 1876, einsetzen soll und bis zu frühen Beispielen der Pop-art reichen wird.

Dafür stehen Krens und seinem Stab dann 4500 qm zur Verfügung, die durch den Anbau als Ausstellungsfläche hinzugewonnen wurden; außerdem ist der gesamte Komplex unterkellert worden, um mehr Platz für Werkstätten und ein Zwischenlager zu schaffen. Auch das schon von Wright vorgesehene, früher kaum benutzte Theater (für 300 Zuschauer), ein besonders attraktiver, verwandelbarer Spielraum, wird renoviert und soll jetzt dem Publikum zugänglich werden, Krens denkt an eine Zusammenarbeit mit den Salzburger Festspielen; auf dem Dach werden die Randflächen neben der Kuppel der Rotunde einen Skulpturengarten und ein Café aufnehmen, der Blick geht auf den Central Park. Alle diese Veränderungen werden das Guggenheim fast als ein neues Museum erlebbar machen.

Indes, für die etwa achttausend Bilder, Zeichnungen und Skulpturen der Sammlung, mit deren Aufbau der Industrielle Solomon R. Guggenheim Ende der zwanziger Jahre auf Anregung der deutschstämmigen Baronin Hilla Rebay von Ehrenwiesen begonnen hatte, 1937 wurde die Sammlung als »Guggenheim-Foundation« institutionalisiert – für diese in ihrem Marktwert nicht mehr bezifferbare Sammlung von Hauptwerken der klassischen bis hin zur aktuellen Moderne bietet auch das erweiterte Stammhaus noch viel zuwenig Entfaltungsraum. Eine Dependance am unteren Broadway, in SoHo, soll diesen Mangel lindern helfen. In einem früheren Lagerhaus baut der Japaner Arata Isozaki, der unter anderem den Bau des Mitte der achtziger Jahre eröffneten »Museum of Contemporary Art« in Los Angeles entworfen hat, zwei Stockwerke zu Ausstellungshallen von insgesamt 4000 qm Nutzfläche um, Attraktion der Innenarchitektur wird eine Brücke – wie aus einem japanischen Teagarden – sein, die im ersten Geschoß die Eingangszone mit den eigentlichen Schauräumen verbindet. Wenn die Bauarbeiten abgeschlossen sein werden, soll dort ein Dialog von Plastiken Brancusis und Bildern Kandinskys,

Guggenheim Dependance in SoHo.

die zu den Glanzstücken der Sammlung des Guggenheim gehören, mit jüngeren Arbeiten von Robert Ryman, Carl André und einem Konvolut von mehr als siebzig Arbeiten des Joseph Beuys (erworben aus dem Besitz des Italieners Panza di Biumo) inszeniert werden.

An den Gesamtkosten für die Renovierung und Erweiterung des Baus von Wright sowie für die Dependance in SoHo in Höhe von umgerechnet etwa 125 Millionen Mark – eine aus europäischer Sicht angesichts des Umfangs der Arbeiten relativ geringe Summe – ist die öffentliche Hand nur durch Steuervergünstigungen beteiligt, welche auf Schuldscheine gewährt werden, die das Museum zur Finanzierung der Bauvorhaben ausgegeben hat: Im wesentlichen werden die Mittel aufgebracht von der Guggenheim-Stiftung, deren Grundstock das nachgelassene Vermögen Solomon R. Guggenheims bildet, und durch mäzenatische Zuwendungen von Firmen und Privatpersonen.

Schwer vorstellbar, daß ein Projekt dieser Dimension in Europa ähnlich nur durch Gelder von privater Hand realisiert werden könnte. Allerdings täuscht das prestigiöse Vorhaben eine Vitalität (und auch eine Wohlhabenheit) der New Yorker Kulturszene vor, die diese in Wahrheit nicht hat. So scheinen die Pläne von Thomas Krens merkwürdig abgehoben von der Lebenswirklichkeit der Künstler – viele von ihnen sprechen über das Guggenheim, als befände es sich nicht unmittelbarer in der Nähe, sondern auf einer fernen, für sie unerreichbaren Insel.

Dabei hat Krens, der sich den Presseleuten bei einer morgendlichen Diskussion als sportiver Jogger präsentiert, mit seinem Museum eine Offensive vor, die über die reale Situation der Künstler und der zeitgenössischen Kunst, um deren Potentiale und um deren Ansehen beim Publikum es im Augenblick kaum besonders gut steht, noch viel weiter hinauswill. Die Absichten gehen ins Internationale. Schon 1949, im Todesjahr ihres Onkels Solomon, hatte Peggy Guggenheim im Palazzo Venier dai Leoni am Canal Grande in Venedig eine Guggenheim-Filiale eröffnet, bis heute nicht die geringste unter den vielen Attraktionen Venedigs. Thomas Krens möchte nun bis zum Ende des Jahrhunderts mindestens zwei weitere Niederlassungen des Guggenheim in Europa schaffen. Derzeit der Verwirklichung am nächsten ist der Entwurf Frank Gehrys für einen Abschnitt des Hafengeländes am Nervion-Fluß in der nordspanischen Industriemetropole Bilbao. Dieses Vorhaben eines Neubaus, den Gehry aus mehreren Blöcken komponieren will, die von einer aufgesetzten Paraphrasierung der New Yorker Rotunde Wrights zusammengehalten werden, findet im Moment in Bilbao offenbar die politische Unterstützung, die dem anderen Plan, Hans Hollein ein Kunsthaus in den Salzburger Mönchsberg bauen zu lassen, jedenfalls in der nötigen Intensität noch fehlt. Zwar glauben die Verfasser einer sogenannten »Machbarkeits-Studie« (feasibility-study) mit einigem Recht die große Attraktivität eines Museums moderner Kunst voraussagen zu können, jedoch zögern Stadt und Land Salzburg mit der Übernahme je eines Drittels (für den Rest würde die Regierung in Wien aufkommen) der deutlich über einhundert Millionen Mark anzusetzenden Baukosten. (Noch vor Jahresfrist hat Krens zusätzlich mit dem Gedanken einer weiteren Filiale in Moskau oder St. Petersburg gespielt – davon scheint er inzwischen Abstand genommen zu haben.)

Ein in den Salzburger Diskussionen besonders strittiger Punkt ist die Frage der inhaltlichen Bestückung von Hans Holleins Haus im Berg (dessen zentrale Halle immerhin eineinhalbmal höher würde als die Rotunde Wrights): Es würde den Österreichern aus der New Yorker Sammlung nämlich nicht eine dann ständig in Salzburg präsente Auswahl von Werken überlassen – vielmehr beschränkte Krens sich lediglich auf die Zusage, die Filiale mit Wechselausstellungen zu beschicken. Die verschiedenen Guggenheim-Museen würden also mit der New Yorker Zentrale Stationen einer Bilder-Tournee werden, für deren Programm, überwiegend zusammengestellt aus den reichen Beständen der Guggenheim-Foundation, möglicherweise regionale Berater hinzugezogen werden könnten, das aber entscheidend doch von den Amerikanern gesteuert würde.

Der Vorzug der Praxis eines solchen internationalen Verteiler-Mechanismus mit zentraler Kontrolle liegt in der Minimierung der Kosten für jedes einzelne der an den Kreislauf angeschlossenen Häuser: Aufwendungen für Transport und Versicherung könnten geteilt, das feste Personal klein gehalten werden. Unübersehbar ist andererseits aber auch das Risiko der zwangsläufigen Beherrschung des Kunstbetriebs durch die Entscheidungen und den Einfluß eines übermächtigen Instituts. Gerade in einer Periode der Unübersichtlichkeit der zeitgenössischen Kunstproduktion kommt den Museen größte Bedeutung zu: Was sie hervorheben, wird sofort auch auf dem Kunstmarkt höher gehandelt; und der Künstler, der heute mit seinen Arbeiten nicht rasch in ein Museum gelangt, wird in der Regel auf dem Markt durch das Raster fallen. Nur ein Höchstmaß an Pluralismus auf seiten der öffentlichen Institute kann die ohnehin fragwürdige Verknüpfung des Kunstmarkts mit den Museen, die während der letzten Jahre ihre Korrektiv-Funktion gegenüber aktueller Kunst immer häufiger aufgegeben haben, noch halbwegs ausgleichen. Würden alle Expansionspläne des Guggenheim ungehemmt verwirklicht, wäre angesichts der enormen Durchsetzungskraft des zentral gelenkten Filialbetriebs mit weltweiter Einflußsphäre ein solcher Ausgleich sehr schwierig. Es muß in dieser Hinsicht eher skeptisch stimmen, daß Thomas Krens gerade von international renommierten Kunsthändlern und zumal für das Salzburger Projekt auch von dem (nicht zuletzt um die Stärkung der Marktposition seiner Wiener Niederlassung bemühten) Versteigerungshaus Sotheby's auffällig viel Zuspruch und Unterstützung erfährt.

Gleichwohl muß Krens sich seiner Expansionswünsche wegen nicht mit dem Aschekreuz zeichnen. Es gibt heute weltweit keinen anderen Museumsmann, der mit vergleichbarem Elan daran arbeitet, der bildenden Kunst dieses Jahrhunderts öffentlich Geltung und Raum zu schaffen. Gewiß ist dem Manager die Lust an der Erprobung unkonventioneller Methoden zur Ausweitung seiner Einflußsphäre ein

Antrieb – nicht weniger spürbar motiviert ihn aber auch das Interesse, möglichst vielen Menschen möglichst viele der achttausend Werke in den Depots der Guggenheim Foundation sichtbar zu machen.

Wenn das Kunst-Haus von Frank Lloyd Wright an der Fifth Avenue nun bald wieder zugänglich sein wird, die Pläne des Architekten dreiunddreißig Jahre nach dessen Tod und der ersten Eröffnung 1959 dann endlich weitgehend verwirklicht sind, ist das für den Geltungsanspruch der Moderne nicht nur ein nostalgischer, sondern auch ein Augenblick schönster Bestätigung. Freilich wird man dabei der Illusion nicht erliegen dürfen, die aktuelle Situation und Bedeutung der Künste in der Gesellschaft entspreche der glanzvollen Erscheinung solcher Museumsbauten: Die offizielle amerikanische Kulturpolitik beweist mit ihrer Gleichgültigkeit gegenüber den zeitgenössischen Künstlern und ihren Institutionen gerade jetzt wieder, daß das nicht stimmt.

So teilt das Guggenheim, seine überseeischen Verzweigungspläne eingeschlossen, mit vielen Setzungen und Entwicklungen des zu Ende gehenden Jahrhunderts deren Ambivalenz: Faszination und Verlockung steht ja nicht nur hinsichtlich von Kulturbauten oft der Verdacht entgegen, daß die Wirklichkeit vielleicht doch eine andere ist, als das verführerische Bild nahelegt, in dem sie manchmal erscheint. Wobei das Glück der Täuschung durch den Zweifel daran nicht gleich ganz zu leugnen – wenn auch ein wenig zu relativieren wäre ...

Frankfurter Rundschau, 28.3.1992,
gekürzte Fassung

Und der rote Mond scheint durch das Dach ...
Das neue »Guggenheim Bilbao«, Frank Gehrys unvergleichliches Ballhaus der Kunst

Bilbao. Was wußte man schon von dem Ort? Industrie- und Hafenstadt am Golf von Biskaya, bekannt für die schlechteste Luft Spaniens. Der Fußballclub Athletic, international auch nichts Besonderes. Bertolt Brecht immerhin, der freilich nie dort war, hat in *Happy End* eine Verklärung versucht, mit dem Bilbao-Song, Lotte Lenya sang ihn mit Schmelz und Schneid: »Bills Ballhaus in Bilbao / War das schönste auf dem ganzen Kontinent.« So schön vielleicht aber auch wieder nicht, weil: »Ach! Brandylachen waren, wo man saß / Auf dem Tanzboden wuchs das Gras / Und der rote Mond schien durch das Dach.«

Gleichviel, der Kenntnisstand wird sich bald ändern. Denn es ist kein Zweifel, daß Bilbao durch den neuen Museumsbau des Kaliforniers Frank Gehry, das Guggenheim Bilbao, auf der Landkarte der internationalen Architektur-Attraktionen von jetzt an mit fünf Sternen verzeichnet sein wird. In der Tat: Dieses Bauwerk muß man gesehen haben, es gibt nichts Vergleichbares. Der alte Philip Johnson, selber einer der Großen der Architektur dieses Jahrhunderts, für ein paar Tage in Bilbao zu Gast, hat mit seiner Bewertung wahrscheinlich recht: Das baskische Guggenheim, hat Johnson entschieden, »ist der bedeutendste Bau unserer Epoche«.

Ein Haus? Eine skulpturale Ausschweifung. Sie spottet, was hier nicht negativ gemeint ist, jeder Beschreibung. Von vielen Punkten der Stadt ist das Gebilde sichtbar. Es erscheint, fast einer Vision gleich, in immer anderer Gestalt im Fluchtpunkt mehrerer Straßen der am Ostufer des Rio Nervion gelegenen Altstadt, es fesselt den Blick von den Brücken wie von den begrünten Hängen der westlichen Stadtteile. Die erste Assoziation ist die großer, schlanker, silbriger Blätter, die wirken wie aufgefächert, herausgezogen aufsteigend aus den ineinander verschachtelten Rundungen eines breiten Sockels.

Das Guggenheim Museum in Bilbao, entworfen von Frank O. Gehry.

Wer andere Bauten Gehrys kennt, zum Beispiel das Vitra-Museum in Weil am Rhein, wird die Handschrift des Architekten trotz des in Bilbao vielfach größeren Volumens vielleicht erraten können. Das Material der Außenhaut der blätterartigen Teile sind dünne (nur drei Millimeter starke) Titaniumplatten, die im wechselnden Licht der Tageszeiten hell glänzen oder sich verschatten können; die Sockelpartien sind aus beigefarbenem Sandstein. Die Komposition der Trakte des Baus ist unruhig, aus der Nähe fast chaotisch. Gehry hat sich von den Filmarchitekturen in Fritz Langs Metropolis beeindrucken lassen, ebenso allerdings, nachweisbar am Zuschnitt der wiederkehrenden Rundformen, durch Frank Lloyd Wrights Entwurf für das Guggenheim in New York. Erstaunlich ist aber, wie sich aus der scheinbaren Inkohärenz disparat geformter Elemente im Außenbild wie im Inneren doch ein Kontext von hoher formaler und funktionaler Schlüssigkeit bildet.

Das Guggenheim Museum in Bilbao, Ansicht der Flußseite.

Dabei wird der Erwartung an eine durchgängige Identität des Baus ständig widersprochen. Die kompaktere Wirkung der einen Längsseite zur Altstadt hin wird kontrastiert durch die elegante Auflösung der anderen, die auf den Fluß geht und überraschend auf Schiffsformen anspielt. Von den beiden Schmalseiten schließt eine das Haus ab gegen das Areal eines Container-Bahnhofs, während die andere die städtebauliche Rigorosität einer den Fluß hoch überquerenden, mehrspurigen Straßenbrücke dadurch neutralisiert, daß diese in den Bau gleichsam einbezogen wird: Gehry hat der Brücke ein gespaltenes, turmartiges Element beigestellt, das sie nun dem Haus verklammert.

Die Partie am Fluß ist generös entfaltet, zwischen Fluß und Bau ist ein Freiraum angelegt, mit einem geschwungenen Betonband als Weg längs eingefaßter Wasserflächen, aus denen – Zitat eines Projekts des früh verstorbenen Yves Klein – vier Feuersäulen aufsteigen werden. Von der Altstadt im Osten ist der tief gelegte Haupteingang über eine abfallende, breite Treppe erreichbar. Man läßt dann zur Rechten den knallblauen Würfel des Verwaltungstraktes hinter sich. Der starke farbige Akzent, vollkommen unvorbereitet, ist, far from home, eine spielerische Erinnerung an Gehrys Santa Monica Place, wiederholt etwas von der heiteren Attitüde, die jene Kaufhaus-Galerie auszeichnet, eines seiner frühen Hauptwerke.

Unter Gesichtspunkten der Urbanität ist der Entwurf des Museums in Bilbao plausibler kaum denkbar: Der Bau bringt sich unübersehbar zu Geltung, triumphiert über seine ästhetisch dürftige Umgebung; zugleich aber versöhnt er auch mit ihr und stiftet in dem heruntergekommenen Hafenviertel ein neues Zentrum für die Stadt. Das entspricht den Vorstellungen der lokalen Stadtplaner, die im Begriff sind, Bilbao (die viertgrößte Stadt Spaniens, in ihrem Einzugsgebiet leben etwa zwei Millionen Menschen) mit Hilfe internationaler Architekten, die maßgeblich an der Entwicklung neuer Schwerpunkte beteiligt werden, um- und aufzuwerten. Nicht weit von dem Museum ist ein Konzertgebäude im Rohbau bereits fertiggestellt, Cesar Pelli hat das Projekt eines Einkaufszentrums vorgeschlagen, Norman Forster dem gesamten U-Bahn-System der Stadt ein verändertes Design gegeben, auffällig sind an vielen Stellen die gläsernen Zugänge zu den Bahnen. Und von Santiago Calatrava erhält der Flughafen Bilbaos gerade einen neuen Flügel.

Das Museum war vor sechs Jahren als Zugnummer für alle diese Initiativen konzipiert worden. Die Stadt hatte sich an die New Yorker Guggenheim Foundation gewandt, deren Direktor Thomas Krens war sofort bei der Sache. Dieser Mann ist ein Entrepreneur, begabt mit lebhafter Phantasie und ungewöhnlicher Tatkraft. Er ist entschlossen, das Guggenheim zu einem internationalen Institut der Präsentation und Förderung von Kunst dieses Jahrhunderts zu erweitern. Schon steht Krens mehreren Dependancen des Stammhauses an der oberen Fifth Avenue vor: der Zweigstelle in New York, in Soho, die Arata Isozaki gebaut hat, dem Guggenheim in Venedig, einem weiteren Schauplatz in Berlin (in Kooperation mit der Deutschen Bank), nun dem Gehry-Bau in Bilbao. Verhandlungen mit Salzburg, wo Hans Hollein im Mönchsberg bauen sollte (siehe S. 102), sind gescheitert, mit St. Petersburg werden Gespräche geführt.

Für Bilbao fixieren die mit Krens geschlossenen Verträge als Leistungen der Stadt die Bereitstellung von Grund und Boden sowie die Übernahme der Bausumme in Höhe von etwa 200 Millionen Mark (ein Betrag, den man als zu niedrig angegeben vermuten muß) und des Großteils der Folgekosten. Die Guggenheim Foundation hat den Architekten bestimmt, mit ihm das Funktionsprogramm entwickelt und die Bauarbeiten beaufsichtigt. Vor allem aber bringt New York eine Sammlung von Hauptwerken der klassischen Moderne aus den eigenen Beständen ein und wird auch die Programme zukünftiger Wechselausstellungen verantworten und betreuen.

Der äußerliche Eindruck eines Chaos, dem paradoxerweise gleichwohl die Idee kompositorischer Ordnung innewohnt, wiederholt sich im Inneren. Es erschließt sich aus dem Herzstück eines in diesen Dimensionen in einem Museum noch nie dagewesenen Atriums: 55 Meter hoch (das ist eineinhalbmal die Höhe von Wrights New Yorker Haus, auch dieses nicht gerade ein Flachbau), ist das zentrale Foyer von Licht durchflutet: Die scheinbar willkürliche Stellung der von Titanium verkleideten Blattformen läßt immer wieder Raum für den Lichteinfall von außen.

Die auf drei Ebenen angeordneten Ausstellungsräume sind – über Treppen und verglaste Aufzüge – von dieser Mitte der Anlage aus zugänglich. Balkone auf verschiedenen Höhen ermöglichen jederzeit den Blick in die gewaltige zentrale Halle, man ist immer zugleich drinnen und draußen – auch damit hat Gehry ganz offensichtlich auf Wright angespielt.

Die Besonderheit der Säle ist das (ihre Unterscheidbarkeit begünstigende) Prinzip des Wechsels: Es findet sich neben einem rechtwinkligen, konventionell geschnittenen Raum mit entsprechenden Hängeflächen immer jeweils ein unruhiger angelegter Saal, mit spitzen Winkeln, rund ausgebuchteten oder angeschrägten Wandpartien und also unterschiedlichen Angeboten für die Hängung von Bildern oder die Stellung von Objekten. Dabei ist es Gehry durch die abenteuerliche Dachlandschaft gelungen, nahezu alle Säle mit natürlichem Oberlicht zu versorgen, das sich, je nach Tageszeit, durch Kunstlicht stützen läßt. Was dem Museum in der Praxis sicher fehlen wird, sind kleinere Raumeinheiten, Kabinette für Graphik und bescheidenere Formate: Hier ist alles ins Große gedacht, vorbereitet für das, was unter europäischen Museumsleuten bei Bildern als »amerikanisches« Format gilt.

Schier überwältigend trifft das vor allem zu auf einen den Bau über zwei Ebenen durchgreifenden Saal: Er ist sage und schreibe 130 Meter lang, 30 Meter breit und fast ebenso hoch, die leicht gewölbte Decke ist freitragend, keine Stütze oder Säule stört den Raumeindruck. Am besten ist dieser gestreckte, dabei durch die Deckenstruktur und eine leichte Neigung der Wände der Wahrnehmung immer noch angenehm unaufdringliche Raum von einem Balkon an seiner Stirnseite aus zu erleben: Es ist da, als habe man das hellweiße Mittelschiff einer Kathedrale vor sich, einen bei aller Kühle festlichen Raum, der sich anbietet zur Feier der Apotheose der Moderne.

Aber, das ist nun natürlich sogleich die Frage: Welche Kunstwerke dieses Jahrhunderts halten solchen Dimensionen stand? Die Ausstellung zur Eröffnung des Hauses, wie schwierig die Bespielung vor allem dieser Halle später einmal werden mag, weiß für's erste überzeugend richtige Antwort: Zentral plaziert, den Schwung des Raums zugleich aufnehmend und ihn verstärkend, sind hohe, nebeneinander aufgerichtete, in riskanter Balance gehaltene Stahlplatten Richard Serras, die den Saal mit einer wellenförmigen Bewegung zu vitalisieren scheinen.

Im fernen Hintergrund der Halle wird der Bewegungsverlauf dieser Welle Serras gleichsam gestoppt durch eine quergestellte Arbeit, die Claes Oldenburg, übrigens gemeinsam mit Frank Gehry, vor Jahren für eine Ausstellung in Venedig entworfen und realisiert hatte: ein enormes Schweizermesser, aus dem dessen einzelne Schneiden, Scheren und Feilen langsam heraus- und in das sie wieder hereingefahren werden. An den Wänden extensive Formate der Popart, von Rosenquist und Lichtenstein. Dazu, in fast wandhohen Großbuchstaben sich artikulierend und das Raumformat mit einem begrifflichen Gegensatz kontrastierend, ein Beispiel für die Conceptart von Lawrence Weiner: REDUCED.

Ein Saal mithin, eingerichtet zum größeren Ruhme der amerikanischen Stilentwicklungen in der zweiten Jahrhunderhälfte. Mit dem Swiss Knife Oldenburgs feiert sich das Banale, inszeniert mit ausholend pathetischer Gebärde, und ironisiert damit das Pathos der Stahlplatten Serras. Aufwendiger ist Trivialität, von der Moderne entdeckt als ein Topos der Kunst, nie zuvor als ein Allerheiligstes vorgeführt worden. Die Widersprüche von Kunstabsicht und Erscheinung, Bedeutungsanspruch und Belanglosigkeit, großer Gebärde und beiläufiger Geste, Materialdominanz und deren Aufhebung, Monumentalisierung, die Reduktion meint – diese Gegensätze sind hier als Stoff und Spannungspotential moderner Kunst vehement zur Geltung gebracht. Bilbao ist jetzt der Ort, wo man sich sowohl in der Zustimmung wie in der Skepsis angesichts der Kunst der Epoche bestätigen lassen kann wie in keinem anderen Museum der Welt.

Die Ausstellung anläßlich der Eröffnung ist auch sonst aus den Beständen der Guggenheim-Stiftung und, zum sehr viel kleineren Teil, einer in Bilbao schon zuvor aufgebauten Sammlung zeitgenössischer Kunst glänzend bestückt worden. Die amerikanischen Leihgeber haben sich von ihrer großzügigen Seite gezeigt: Kaum eine Arbeit, die dem Anspruch an Museumsbilder und zugleich den Anforderungen der Raumformate des Neubaus nicht gerecht würde. Kühne Verbindungen manchmal, nie hat man etwa Lucio Fontana und Yves Klein so wie in einem Saal im Obergeschoß in der Nähe eines der Tryptichen von Francis Bacon gesehen, die Schnitte des Italieners, die blauen Abdrücke der Mädchenkörper in den Anthropometrien des Franzosen – und dann Bacon, der gegen das Verschwinden das Bild des Menschen behauptet, aber in zerfließender, geschundener Gestalt.

Ein anderer Raum ist drei Bildern Mark Rothkos gewidmet, zwei davon kommen aus New York, ein drittes aus der Frühphase der Abstraktion im Werk dieses Malers wurde von Bilbao ergänzend hinzugekauft, Clifford Still und vor allem de Kooning kontrastieren die Tendenz der Rothko-Bilder zum Meditativen mit Momenten des Aufbruchs. Ein spanisch-amerikanischer Saal wagt die Nachbarschaft von Chillida, Tapiès und Robert Motherwell mit einem Beispiel der *Suite Elegie* auf die spanische Republik: Die Verbindung begründet sich aus der gemeinsamen Grundstimmung einer Art von verhaltener Trauer.

Die klassische Moderne ist breit vertreten, Léger, der Kubismus Braques und Picassos, der Futurist Severini, Modigliani – alle mit Bildern der ersten Wahl. Vielleicht den Höhepunkt bildet ein Saal, der Kandinsky, mit Schlüsselwerken aus der Periode der um 1910 einsetzenden Abstraktion, und dem Deutschen Meidner, mit dem dramatischen *Soldatenbad* von 1915, zugedacht wurde. Aus einer jüngeren Generation ist Anselm Kiefer zugegen, er hat in einem eigenen Raum das Ensemble von acht Bildern aus dem Kontext deutscher Mythologeme selbst angeordnet.

Auch Polke und Baselitz, Mario Merz, Kounellis und die allgegenwärtigen Gilbert & George haben ihre Auftritte. Zu sehr präsent: der überschätzte Italiener Clemente. Und ein wenig blaß bleiben die amerikanischen Puristen, Ryman, Carl Andre, Robert Mangold, ebenso Richard Longs abermals ausgelegte Steine. Dem Stillen, Leisen ist das Ambiente nicht unbedingt zuträglich. Eher schon Bruce Naumans kopfunter aufgehängten, gequälten, im Kreise sich drehenden Tierleibern. Die Gruppe kopfloser Menschen der Polin Magdalena Abakanowicz (*Bronce Crowd*, von 1990) wirkt ein wenig wie in einem der Säle nur seitwärts abgestellt. Berührend aber George Segals einsamer einzelner Mensch an einem Tisch, ganz für sich, einem entfernten Licht zugewendet.

Für das Genre der Installation hat das Haus zu wenig Nischen, manchmal brauchte es dafür eben nicht Säle, sondern kleinere Ein-

heiten, Zimmer. Boltanski hat für seine Installation aus Erinnerungsfotos und davor gehängten Glühbirnen noch eine Ecke gefunden.
Terremoto, die 1981 in Neapel entstandene Arbeit von Joseph Beuys, eine beschädigte Linotype mit eingerollter italienischer Fahne und Schreibtafeln, ein Erdbeben-Mahnmal, scheint dagegen ohne die Stützung durch einen Bezug zum umgebenden Raum seltsam ins Beiläufige abgeschoben. [...]
Das Haus zeigt hier seine Grenzen. Es kommt dem Flächigen und der abstrakten Form weiter entgegen als dem, was Kunst jenseits des intelligenten Arrangements, hinter dem Taghorizont sucht und beschäftigt. Und es gibt noch andere Fragen. Die Entscheidung für einen solche Kulturbau ist immer auch gesellschaftspolitisch von einiger Komplexität: Will eine Bevölkerung ihn wirklich – oder wird er ihr aufgenötigt? In Bilbao, im politisch semi-autonomen Baskenland, das sich gegen Madrid auf seine kulturelle Eigenständigkeit beruft, stellt sich das Problem mit besonderer Schärfe. So haben sich denn auch baskische Künstlergruppen früh gegen das Projekt verwahrt: für die Darstellung der eigenen Kultur sei das »amerikanische« Museum der falsche Schauplatz. [...]
Wäre Krens der Coup gelungen, das Guernica-Bild Picassos aus Madrid nach Bilbao ins Baskenland zu holen (wo es eigentlich hingehört) –, hätte der Eindruck sich vielleicht korrigieren lassen, doch bisweilen scheitern eben sogar die Besten, you can't win 'em all. [...]
Fast am Ende des Jahrhunderts versammelt das Guggenheim Bilbao noch einmal, was in der Zeitspanne nach 1910 in der Kunst zu Rang und Namen kam. An einer Stelle in dem eingangs zitierten *Bilbao Song* Brechts, der von Erinnerung handelt, von etwas, das schon nicht mehr ist, ergeht an den Klavierspieler die Aufforderung: »Joe, mach die Musik von damals nach.« Mit dem wundersamen Haus am Bilbaofluß ist Gehry dem Aufruf gefolgt. Einmal mußte es noch sein. Wie schön es war – hier steht es vor Augen.

Frankfurter Rundschau, 18.10.1997

Dieter Kramer
Eigener Herd ist Goldes wert.
Museen und ihre Lebenswelt

Guggenheims populistisch-merkantiles Projekt

In Mitteleuropa, vielleicht auch in den USA, stehen derzeit die Kunstmuseen im Vordergrund des öffentlichen Interesses, besonders die mit zeitgenössischer Kunst. Aber Museen sind nicht nur Kunstmuseen. Und wenn die anderen Arten von Museen in ihrer Struktur und ihrem Eigensinn berücksichtigt werden, dann zeigen sich unter veränderter Beleuchtung möglicherweise auch in der Szene der Kunstmuseen andere Aspekte. Dies soll Gegenstand der folgenden Überlegungen sein.

In der bildenden Kunst spielen die von der kosmopolitischen Avantgarde favorisierten Kunstströmungen eine dominierende Rolle. Wie sie wirkungsvoll in der Öffentlichkeit positioniert werden können, dafür ist die Geschichte des Museums der Guggenheim Foundation von Anfang an ein eindrucksvolles Beispiel. Zwar werden Stilrichtungen und Trends nicht, wie das Ressentiment es gerne unterstellt, von Kunstpäpsten oder Verschwörern »gemacht«, aber es wäre naiv, die Entstehung von Trends und Moden ohne das Mitwirken von Institutionen und Personen erklären zu wollen.

Die einflußreichen Institutionen können sich dabei darauf berufen, daß sie in der Gleichzeitigkeit technischer, ökonomischer und politischer Trends Macht gewinnen. In der Phase des Ost-West-Systemgegensatzes spielte das eine unübersehbare Rolle, und für die aktuellen Suchbewegungen der Künste in China und die Kunstprozesse in vielen Teilen der südlichen Hemisphäre ist dies ebenfalls wichtig.

Diejenigen, die sich diesem kosmopolitischen Diskurs entziehen, scheinen die absolute Ausnahme. Sie gelten als fundamentalistische Verweigerer des kulturellen Dialoges: Religiöse Fundamentalisten in politischer Verantwortung oder mit starkem Einfluß wie in manchen islamischen Regionen, oder, wie die christlichen Fundamentalisten in den USA, mit hohem moralisch-sektiererischem Anspruch und starker Aktionsbereitschaft.

Die neuen Filialen der Guggenheim Stiftung sind Konzepte des geplanten Erfolges in doppeltem Sinne: Was die Guggenheim Foundation als moderne und zeitgenössische Kunst favorisiert, wird verbreitet, und damit wächst die Definitionsmacht der Stiftung. Gleichzeitig wird systematisch der finanzielle Erfolg angestrebt. In Bilbao ist anscheinend die Rechnung diesbezüglich auch mehr als aufgegangen. Die internationale mobile, aufgeschlossene, kaufkraftstarke neue Mittelschicht der oberen zwei Drittel, vielleicht sogar nur das obere Drittel, in den modernen Prosperitätsgesellschaften ist immerhin zahlreich genug, Museen dieser Art zu bevölkern und zu nutzen. In dem angepeilten Marktsegment ist der Erfolg kalkulierbar. Die starke Akzentuierung auf Publikumsresonanz zielt dabei nicht mehr auf das traditionelle Bildungserlebnis, sondern entspricht dem Trend der »Erlebnisgesellschaft« vom *homo oeconomicus* zum *homo eventicus*.[1]

Disneyland und andere Konzepte

Die meisten bedeutenden Museen können gegenwärtig ohne eine beträchtliche Ausweitung ihrer Infrastruktur mehr Besucher überhaupt nicht vertragen. Die Guggenheim-Projekte beziehen sich daher wohlüberlegt genau auf diese Diskrepanz zwischen Ressourcen und Nutzungsmöglichkeiten. Der Erfolg ist relativ sicher (konkret sind bis

---

[1] Vgl. Liselotte Kugler, Erlebnis Museum Erlebnismuseum, in: Bulletin Deutscher Museumsbund 2/1998, S. 1–2. Der Deutsche Museumsbund berichtet in seiner Zeitschrift Museumskunde 1998, Heft 2 über entsprechende Trends: Erlebnisraum Museum – Erlebnis Museum. Schon 1992 hat Horst W. Opaschowski bei der Museumsbundtagung in Schleswig ähnliches prognostiziert: Opaschowski, Horst W., Das Jahrzehnt des Erlebniskonsumenten, in: Museumskunde 1992, S. 81–87. Vgl. auch die neue Akzentuierung »Erlebnispädagogik« anstelle der alten Freizeitpädagogik in der Zeitschrift Spektrum Freizeit.

jetzt einige der Erwartungen sogar übertroffen worden). Noch mehr Nutzer zu verkraften, das muß man den Themenparks und Freizeit-Erlebniswelten überlassen.

»Themenparks« und »Disneyland« schienen in der Tat eine Zeit lang eine bedeutende Herausforderung für die traditionellen Museumskonzeptionen zu sein. Der kanadische Museologe George F. MacDonald läßt 1987 die damals wichtigsten Trends im Museums- und Ausstellungswesen Revue passieren:[2] In Japan wird zu dieser Zeit viel Geld, auch privates, in Museen investiert, unter anderem in Museen in Einkaufs-»Malls«: Ganz offen werden nationale wirtschaftspolitische Ziele damit verfolgt:»... the future problems in the Japanese economy will come not in production of goods but in the worldwide marketing of them. We Japanese are so homogeneous we cannot market effectively to Africans and Europeans. These museums will help our children understand other cultures better«, wird ein Japaner zitiert.[3] Andere asiatische Länder bauen riesige »Heritage Theme Parks«, China vermarktet seine unerschöpflichen archäologischen Schätze. Europa entwickelt sich zu einem »giant *in situ* museum«, für das die touristischen Einkünfte bald, so wurde damals vermutet, wichtiger werden als die aus dem militärisch-industriellen Komplex.[4]

Der US-Beitrag zur Museologie ist der »Historische Themenpark« (neu damals z. B. Ellis Island), der in seinen mit neuen Technologien und riesigen Investitionen (die sich auszahlen) erweiterten Formen innerhalb der nächsten Dekade, so MacDonald 1987, die Museen revolutionieren wird. Sie spielen, meint er, die Melodien, nach denen zu tanzen sein wird. Historische Themenparks beziehen sich (im Unterschied zu den etwa 1000 Freilichtmuseen, die es in Europa gibt) auf »carefully planned multimedia presentations, visitor controls, elaborate market-

2 George F. MacDonald, The future of museums in the Global Village, in: Museum 155/ 1987, S. 209–216.
3 Ebd., S. 209.
4 Ebd., S. 210.

ing schemes and other features that come straight out of the American theme parc movement, such as tour packages, people movers, heavy promotional campaigns, programmed activities, etc.«[5] Schon damals wurden Konzepte für archäologische Themenparks auch von der Disney-Corporation entwickelt. Disney selbst plusterte sich kulturell auf: »The master plan for Europe of Disney includes a massive plan to circulate cultural treasure from European in American museums ... to enhance their image in the European cultural community«.[6]
Traditionelle Museen wirken demgegenüber langweilig. Ihre Gegenstrategien sind »Blockbusters«, große Ausstellungen nach dem Modell von Tut ench Amun (*Tut shows*), die sehr teuer sind, touristisches Interesse wecken und damit Umwegrentabilität versprechen, aber wenig für die lokale Kultur bedeuten.

Nur aus einer einzigen anderen Ecke, meint MacDonald, erwächst der Disney Corporation eine Konkurrenz: Wenn nämlich Einkaufszonen gleichzeitig Kunstzonen werden. »Shopping in North America can occupy 25 per cent of one's disposable time, whereas longdistance tourism accounts only for a fraction of 1 per cent. Traditional museums may in fact find mega-malls a main customer in future for their exhibits, a phenomenon already noticeable in Japan. It may also be major revenue generator for museums or governments as ›shows for rent‹ already are to Egypt and China«.[7]

Schätze, mit denen gewuchert wird

Die Guggenheim Foundation hat eine andere Strategie entwickelt, mit der sie die in ungeahnter Weise gewachsene Akzeptanz für zeitgenössische Kunst und Kunst des 20. Jahrhunderts nutzt. Das Kunstmuseum konkurriert, nicht zuletzt dank der attraktiven Museumsarchitektur, selbst und unmittelbar mit Disneyland – zwar nicht

---

5 Ebd., S. 210.
6 Ebd., S. 211.
7 Ebd., S. 213.

wirklich bezüglich der Besucherzahlen (da reicht vorerst die Kapazität der Räume einfach nicht aus, auch wird ein anderes Segment der Bevölkerung als potentielle Besucher angesprochen), aber doch, was das öffentliche Interesse anbetrifft. Insofern ist Guggenheims Strategie beachtenswert. Sie stellt die erfolgreiche Vermarktung von Kunst und Museumsbesuch in den Vordergrund. Guggenheims Art ist nicht die vornehme Zurückhaltung für kontemplative Genießer, wie sie das »Museum Insel Hombroich« bei Neuss praktiziert: Eine Insel in den Erft-Auen, ein Park, einige Pavillons für Dauer- und Sonderausstellungen, gelegentliche Insel-Festivals, und das ganze ist die Privatunternehmung des Immobilien-Händlers Karl Heinrich Müller, der für seine Kunstsammlung eine angemessene Behausung geschaffen hat. Hohe Eintrittspreise und ein zurückhaltendes Marketing (weil das Projekt nicht auf Einnahmen angewiesen ist) sichern nach dem ursprünglichen Konzept ein exklusives Erlebnis.[8]

Das Kunst-Museum Louisiana bei Kopenhagen, gegründet und getragen von dem ehemaligen Käse-Importeur und Verleger Knud Jensen, hat schon lange davor musterhaft einen Landschaftspark in exponierter Lage zu einem attraktiven Bildungs- und Erholungsort mit Museumspavillons und Freiplastiken gestaltet; es scheut nicht die Popularität, bleibt aber trotz mehrerer Erweiterungen intim und überschaubar. Auch das 1998 eröffnete Museum der Stiftung Beyeler bei Basel kann nicht beliebig viele Besucher verkraften. Museen dieser Art müßten unter einem Besucheransturm wie in Bilbao vermutlich kapitulieren und Zulassungsbeschränkungen erteilen.

Anders als eher exkludierende privat und/oder öffentlich subventionierte Einrichtungen behandelt Guggenheim jetzt seine Schätze offensiv wie ein Kapital, das sich vermehren soll. Die Vokabeln, mit denen die neuen Projekte begründet werden, zeugen davon.

---

8 Vgl. Museumsutopie als Betrieb. Museum Insel Hombroich (Interview), in: Museumskunde 53/1988, S. 2–6.

Gleichzeitig werden die Werke als raum- und zeitunabhängige ewige Werte betrachtet. Wegen dieses universalen Wertecharakters spielt der konkrete historische Ort, an dem sie gezeigt und angeeignet werden, keine Rolle. Deshalb ist eine Translokation der in den Magazinen schlummernden Schätze überallhin ohne irgendwelche Skrupel (außer denen der Konservatoren) möglich. Sie können als ehrfürchtig oder begeistert rezipierte Werke an jedem beliebigen Platz, so das plakative Versprechen, humane Qualitäten und Kreativität freisetzen und aktivieren.[9] Ohne Zweifel ist dies in der Struktur nicht nur ein universalistisches, sondern auch ein hegemoniales Projekt. Es scheint nur noch eine mondiale Kultur zu geben, der allenfalls noch regionale Varianten zugebilligt werden (wie in Bilbao).

Werke der Kunst oder Dokumente von Kulturen?

Bei der Guggenheim Foundation haben wir es zu tun mit einem am »Werk« oder »Produkt« orientierten Begriff von »objektivierter« bzw. objektivierbarer Kultur. Die Denkmäler und Werke gelten auch in ihrer isolierten Präsentation als etwas ohne jeden Zweifel wertvolles, das wiederzuerkennen, kontemplativ zu betrachten, anzueignen und zu pflegen ist. Oft genug denkt man dabei noch in konzentrierter Weise nur an Werke der bildenden Künste.

Die Grenzen dieser Werkästhetik werden erkennbar in einer Berliner Diskussion von 1998: Dort wurde gestritten über den Vorschlag des 1999 in Pension gehenden (und dann vermutlich nicht ersetzten) Generaldirektors der Museen Preußischer Kulturbesitz, Wolf-Dieter Dube, das Museum für Völkerkunde, das Museum für Ostasiatische Kunst und das für Indische Kunst in Dahlem zusammenzufassen und so eine Art Museum der Weltkulturen zu schaffen wie das Metropolitan Museum of Art in New York oder das British Museum in

---

[9] Eine empirisch freilich nie überprüfte Annahme – die Wirkungsforschung in der Kulturpolitik ist absolut unterentwickelt. Vgl. Max Fuchs, Christiane Liebald (Hg.), Wozu Kulturarbeit? Wirkungen von Kunst und Kulturpolitik und ihre Evaluierung, Remscheid 1995.

London (wobei in Berlin islamische und ägyptische Sammlungen im archäologischen Museumskomplex auf der Museumsinsel bleiben werden). Der überholte Begriff »Völkerkunde« könnte dann verschwinden, und es würde ein integrierendes kulturkundliches Museum außereuropäischer Kunst und Kultur entstehen, dessen einzelne Abteilungen nicht wie im Louvre voneinander isoliert zu sein brauchten. Als kulturkundliches Museum ähnelte es dem Anthropologischen Museum in Mexiko. Im Vordergrund stünden Spezifik und Würde jeder Kultur und nicht isolierte Werke. Die Repräsentanten des Museums für Ostasiatische Kunst sehen damit den »Rang« der ostasiatischen Kunst unterschätzt. Kreative individuelle Gestaltungen würden einfach nur zu Belegstücken für fremde Kulturen.[10] Andere sehen in dem Plan eine »Kränkung für die Völker Ost- und Südasiens«, die als »uralte Hochkulturen« nicht mit »Stammeskunst« in einen Topf geworfen werden wollen.[11] Mit der Formel von der »Rückgliederung eigenständiger Hochkulturen in einen kolonialen Zusammenhang« greift Petra Kipphoff Argumente der Ästheten auf.[12] Erhoben wird der Verdacht des Eurozentrismus, gar des Kolonialismus, weil man die Ebenbürtigkeit der abendländischen und der ostasiatischen Kunst nicht mehr anerkenne – anders als der als Kronzeuge zitierte Museumsgründer Wilhelm von Bode. Daß dieser, den Trends des imperialistischen wilhelminischen Zeitalters der Aufteilung der Erde folgend, die seit 1905 ernsthaft als Konkurrenten der Europäer auftretenden Ostasiaten als kongenial anerkannte, liegt auf der gleichen Linie wie die wenig später von Karl Lamprecht empfohlene Konzeption von (auswärtiger) Kulturpolitik, die zwecks besserem Verständnis diesen Dialog mit den nichteuropäischen Konkurrenten ermutigt, ohne die kolonialistische Aufteilung der Welt zu hinterfragen.

10 Roger Goepper im Gespräch mit Klaus Helfrich, Radio Kultur, 26. November 1998.
11 Wilhelm Klingenberg, Bonn, in einem Leserbrief in der Frankfurter Allgemeinen Zeitung, 8. September 1998.
12 Petra Kipphoff, Letzte Schlachten am falschen Ort, in: Die Zeit, 8. Oktober 1998.

Klaus Helfrich, der Direktor des Museums für Völkerkunde in Berlin-Dahlem, kontert: »Entlarvend der Jargon, der auf längst überholte Konzepte von ›hoher‹ und ›primitiver‹ Kultur sich beruft, die aus einem naiv-evolutionistischen Weltbild des vergangenen Jahrhunderts herrühren und einst unter anderem zur Legitimation von kolonialer Vereinnahmung und faschistischen Rassenwahnverbrechen herhalten mußten.«[13] Die zitierte Kritik an den Vorschlägen bezieht sich auf das gleiche Verständnis von Werkästhetik wie das der Guggenheim Foundation. Als Kunst gewertete Objekte sollen »die Konzentration des Betrachters auf das Einzelobjekt möglich machen.«[14] Das entspricht der derzeit beobachteten modischen Ästhetisierung oder »Verkunstung«, die alles erfaßt, auch die Produkte, die früher als Kunst der »Primitiven« in den Museen der Völkerkunde aufbewahrt wurden.

In den Argumenten läßt sich eine schon von der Analyse der Aktivitäten der Guggenheim Foundation her bekannte politisch-gesellschaftliche Dimension wiedererkennen: die Orientierung auf hegemoniale und kosmopolitische Eliten. Die erklärtermaßen einst für die Eliten vorbehaltene Kunst Ostasiens soll nicht im Kontext mit Volkskunst oder der populären Kultur ihrer eigenen geschichtlichen »Hochkultur« präsentiert werden. Elite soll bei Elite bleiben. Nicht nur die Vertreter der betroffenen Länder im Botschafterviertel wären, so die Kritiker, über die neue Anordnung der Sammlung irritiert, sondern, so wird mehrfach in der Diskussion argumentiert, auch »stiftungswillige Kunstsammler« könnten sich davon abgehalten sehen, weil sie »ihre Schätze nicht gern zu einem Detail auf einem zweifelhaften Monumentalgemälde der Menschheitsgeschichte schrumpfen sähen.«[15] Dem entspricht die der Stiftung Preußischer Kulturbesitz offen zugeschriebene Rolle bei der Befriedigung der

---

13 Klaus Helfrich, Kannibale auf dem Thron, in: Der Tagesspiegel, 13. November 1998.
14 Roger Goepper, Global um jeden Preis? in: Frankfurter Allgemeine Zeitung, 21. November 1998.
15 Thomas Wagner, Mit General, in: Frankfurter Allgemeine Zeitung, 16. September 1998.

Repräsentationsbedürfnisse der Hauptstadt: »Wenn auch unter veränderten Vorzeichen, so sollen, wie im Kaiserreich, die Staatlichen Museen auch heute der wirtschaftlichen Stärke Deutschlands den nötigen kulturellen Glanz hinzufügen.«[16]
In der ästhetisierenden Werk-Konzeption werden weder die Produkte der Stammeskultur noch diejenigen, die für die Eliten der komplexen (früher Hochkulturen genannten) Gesellschaften geschaffen wurden, in ihrem sozialkulturellen Kontext gesehen. Statt als Elemente einer integralen Kultur werden sie zu zeitlosen ästhetischen Werken (wie für das geplante »Musee des Arts primaires« in Paris zu befürchten). Anstelle von Didaktik wird Aura präsentiert, so die polemische Verkürzung. Präziser formuliert: Die Zeugnisse fremder Kulturen, insbesondere auch ihre spezialisierten ästhetischen Konzentrate, können Interesse und Neugier erwecken an der Art und Weise, wie fremde Kulturen mit den allen Menschen gemeinsamen existentiellen Fragen umgehen. Ihre Werke zeugen von Kreativität und potentieller Vielfalt menschlicher Handlungsmöglichkeiten. Sie erwecken Achtung, Ehrfurcht vor den anderen, sie bereichern das eigene Erleben und bedeuten Genuß und Erfahrung. Der von den Berliner Ethnologen benannte Kulturvergleich ist dabei ein Aspekt – aber gewiß nicht der einzige.

Der als Kronzeuge zitierte Wilhelm von Bode hatte einst ohne Bedenken auch Rembrandt zusammen mit Keramikkrügen seiner Zeit ausgestellt und so Kultur als integrale Größe zur Kontemplation angeboten.

Kulturelle Identitätsprojekte

In der internationalen kulturpolitischen Diskussion und in der Museumswelt gibt es Konzepte, die eine ganz andere Dynamik besitzen als das, was von Guggenheim ausgeht: Da steht nicht der

---

16 Thomas Wagner, ebd.

hegemoniale Anspruch universalisierter Kunst, sondern spezifische kulturelle Identität im Vordergrund. (Als dynamisches Konzept – dies sei betont, um Mißverständnisse zu vermeiden. Dieses Verständnis von Identität hat etwas zu tun mit dem Entwicklungsprogramm von sozialkulturellem *empowerment* und nicht mit ethnisch-kultureller Abgrenzung.)

Die Diskussion um die Rückführung von Kulturgütern hilft uns, diese Dimension zu erklären.[17] 1970 formulierte ein Übereinkommen der UNESCO die Verpflichtung, jene durch Raub, Kunsthandel oder auf andere Weise illegitim in ein anderes Land verbrachten Kulturgüter in ihr Heimatland zurückzuführen, die von einer staatlichen Gemeinschaft für das Verständnis ihrer Kultur und ihres Urspungs als notwendig und als dafür von »grundlegender Bedeutung« bezeichnet werden. In einer UNESCO-Resolution von 1974 wird dies präzisiert: Sie schlägt anstelle der einfachen Restitution (wie sie im Falle von eindeutig völkerrechtswidrig im Krieg usf. verschleppten Kulturgütern in Betracht kommt) bilaterale Abmachungen oder langfristige Leihgaben vor. Indem sie solche Vereinbarungen voraussetzt, stärkt die Restitution die internationale Kooperation, und indem diese Kooperation sich auf die Mitarbeit der in der internationalen Vereinigung der Museologen (ICOM, International Council of Museums, Internationaler Museumsrat) stützt, wird die Chance für eine angemessene Betreuung gegeben.

Ein exemplarischer Fall von Restitution betrifft mexikanische Kunst. Die in den sechziger Jahren illegal aus Teotihucán entfernten einzigartigen (eine der wichtigsten vorspanischen Geschichtsepochen Mexikos repräsentierenden) Wandmalereifragmente der Sammlung Wagner waren gerichtlich bestätigtes Eigentum des Fine Arts Museum in San Francisco, dem sie 1976 vermacht wurden. Bewußt und zielgerichtet eingeleitete Verhandlungen dezentraler Akteure, nämlich

---

17 Die folgenden Ausführungen stützen sich auf Angelika Schmidt-Herwig, Restitution von Kulturgut. Zur Funktion ethischer Normen Internationaler Organisationen im Entscheidungsprozeß, Diss. Univ. Frankfurt am Main 1998.

dieses Museums und der zuständigen mexikanischen Institution INAH leiteten eine Restitution ein, der eine Restaurierung durch mexikanische Fachleute in San Francisco vorausging. Eine Hälfte der Schätze ist heute in San Francisco im M. H. de Young Memorial Museum des Fine Arts Museum of San Francisco ausgestellt, bewußt auch für die dortige mexikanisch-amerikanische Bevölkerung. Die andere Hälfte ist zu sehen im Museo Nacional de Antropologia in Mexiko Stadt. Diese Abmachung ist eine Ermutigung für andere. Sie wurde unterstützt durch die in den USA praktizierten berufsständischen Verhaltenskodices der Museologen, niedergelegt in den ethischen Normen der American Association of Museums (1906 gegründet) und deren »Code of Ethics for Museum Workers«.

Kooperation und freiwillige Übereinkunft, getragen vom Geist der internationalen kulturellen Partnerschaft, haben so »Geschenke der Völker« (Hilmar Hoffmann) hervorgebracht. Er empfiehlt diese »beachtliche Karriere für geraubte Kunst« auch auf »Beutekunst« auszudehnen: »Schlimme Nachwehen des Kolonialismus, der ökonomischen Hegemonie oder der Kriege ließen sich so leicht verwandeln in eine zivile Form des Austausches von wechselseitig bereichernden Geschenken.«[18]

Lebenswelt und Museum

Weil vor allem solche Objekte restituiert werden sollen, die für Identität und kulturelles Selbstbewußtsein des Empfängerlandes wichtig sind, wird dieses bei solchen Abmachungen verpflichtet, die Objekte auch der Öffentlichkeit zugänglich zu machen. Damit mündet dieses Thema in den anderen Strom der internationalen Museumsdiskussion: Die der Rolle der Museen in Bildung und Erziehung. Die Öffentlichkeit des Zuganges ist für das in mancher Hinsicht vorbildliche Mu-

---

18 Hilmar Hoffmann, Die Geschenke der Völker, in: Frankfurter Allgemeine Sonntagszeitung, 20. Dezember 1998 (Gastkommentar).

Das Anthropologische Nationalmuseum in Mexiko-Stadt.

seumswesen in Mexiko Programm. Immerhin wird in Mexiko 1825 schon ein erstes Nationalmuseum eingerichtet, nach Kaiser Maximilian (der 1867 hingerichtet wird) werden Museen Teil des öffentlichen Unterrichts und sind es in ausgeprägter Weise noch heute. Das Anthropologische Nationalmuseum in Mexiko-Stadt, 1964 eröffnet, ist schon von der Architektur her ein ästhetisches Superzeichen kultureller und nationaler Identität:»... nicht allein die Präsenz des Alten, sondern seine Einfügung in eine neu interpretierte Gegenwart verbindet und überformt die partikularen Kulturen zu einer modernen, einheitlichen Nationalkultur«.[19] Das verkündet schon die Architektur.

Auch andere Museen in Mexiko folgen diesem Programm, so z. B. das Regionalmuseum Cuauhnahuac in Cuernevaca mit der epischzyklischen Historienmalerei Diego Riveras und ihrem Bildprogramm

19 Angelika Schmidt-Herwig, (s. Anm. 17), S. 199.

Jorge González Camarena, La cultura obra te todos las razas del mundo, Wandmalerei im Anthropologischen Nationalmuseum in Mexiko-Stadt.

nationaler Selbstbehauptung in einem ehemaligen Palast von Cortés. Mit Recht könnten die Regionalmuseen in Mexiko für sich beanspruchen, die historische und kulturelle Pluralität Mexikos zu repräsentieren, sie gelten als »testimony to the ways in which mankind has solved the problems of survival and communal organization«, wie das Museum in Cuernavaca von sich selbst sagt.[20]

Gegen die offene und direkte Dienstbarmachung der Museen für nationalpolitische Erziehungsarbeit mögen aus europäischer Perspektive Bedenken angemeldet werden. Sie steht in Mexiko wie anderswo im Zeichen des postkolonialen »nation building« und ist damit allen

20 Ebd., S. 170.
21 Vgl. George F. MacDonald (s. Anm. 2), S. 212.

einschlägigen Widersprüchen ausgeliefert. In bezeichnend anderer Weise beansprucht freilich auch die Smithsonian Institution von sich, in den USA ein Museum mit »national impact« zu sein, »verging on a true pilgrimage phenomenon«, etwa mit »media icons« wie J. R.'s Cowboy Hut aus der Fernsehserie »Dallas«.[21]

Museen können jedoch auch in anderer Weise Teil ihrer Lebenswelt sein, wie ein drittes mexikanisches Beispiel zeigt, ebenfalls von Angelika Schmidt-Herwig vorgestellt. Das Gemeindemuseum Shan-Dany in Santa Ana del Valle (Oaxaca), entstanden in einer interdisziplinären Arbeitsgemeinschaft von Experten aus der Provinzhauptstadt Oaxaca und Gemeindemitgliedern, fokussiert seine Arbeit auf drei Elemente: den präspanischen Ursprung, die Rolle des Dorfes in der mexikanischen Revolution und die lokale Produktion von Wolltextilien. Es repräsentiert damit das Konzept des immer wieder

Wandmalereien im Museo Regional de Cuernavaca, Museo Cuauhnahúac, Mexiko.

Museo Regional de Cuernavaca, Museo Cuauhnahúac, Schauraum zur mexikanischen Revolution.

in der neueren Museumsgeschichte auftauchenden Typs eines »arbeitenden«, eng mit der lokalen Lebenswelt und ihrer Entwicklung (z. B. in »community development«) verbundenen aktiven Museums.

Museen und Entwicklung

So verstandene Museen beanspruchen eine aktive Rolle im gesellschaftlichen Prozeß zu spielen. Sie sind Teil des neu zu definierenden Entwicklungsprozesses, der jeder Gemeinschaft einen selbstbestimmten eigenen Weg und eine eigene Version von Entwicklung zubilligt. Der aktuelle einschlägige Bericht der Weltkommission für Kultur und Entwicklung (WCCD) verbindet die Begriffe *heritage* und *develop-*

Museo Shan-Dany, Santa Ana del Valle, Oaxaca, Mexiko.

Abelam-Kulthaus und Trobriand Yamsspeicher im Museum der Sogeri High School, Sogeri, Papua Neuguinea.

ment: Das kulturelle Erbe wird gepflegt und gewürdigt, weil es als Bestandteil der kulturellen Vielfalt eine wertvolle Ressource für die gesellschaftliche Zukunft ist (d. h. nicht nur für die ökonomische, sondern auch für die soziale oder ökologische Zukunft der Lebenswelt). Der Präsident der Kommission, Javier Pérez de Cuéllar, betont im Vorwort des Berichts:

»Entwicklung ... konnte nicht länger als ein einziger, überall gleicher und linearer Weg gelten, denn ein solches Modell müßte unvermeidlich die Faktoren kulturelle Vielfalt und kulturelles Experiment ausschalten und so das kreative Potential der Menschheit mit Blick auf das Erbe der Vergangenheit und die Unwägbarkeiten der Zukunft auf gefährliche Weise begrenzen.«

Wenn aktuelle Kultur sich durch kreative Aneignung des Erbes fortentwickelt, dann wird das Erbe nicht als etwas fremdes empfunden. Auf solche Weise hat einst die Altstadtsanierung in Italien nach dem Vorbild von Bologna das historische Erbe der alten Städte so gepflegt, daß ein »living social space« erhalten werden konnte. Wird kulturelles Erbe dagegen z. B. nur der Touristen wegen gepflegt, dann kann sich dies leicht kontraproduktiv auswirken.[22] Institutionen zur Bewahrung des kulturellen Erbes wie die Museen werden in aktuellen Konzepten als Förderer von Entwicklung betrachtet.[23] Beim Experimentieren mit sozial- und umweltverträglichen Methoden naturnaher Land- und Forstwirtschaft wird in Europa und in anderen Teilen der Welt heute immer wieder auf die von den Museen in Erinnerung gehaltenen traditionellen Methoden zurückgegriffen.

Eindrucksvoll ist das Beispiel der indischen Wissenschaftsmuseen (von denen es etwa eintausend geben soll). Sie sind verantwortlich für »creating a social climate responsive to the rapid pace of scientific progress«, einzig in der sich entwickelnden Welt.[24] Wie sie dort für den naturwissenschaftlich-technisch inspirierten Fortschritt verantwortlich waren, so könnten dort und anderswo auch naturkundliche Museen die Sensibilisierung für Fragen der Nachhaltigkeit befördern. Für den Schutz der Biodiversität sind Naturmuseen ohnehin unverzichtbar.[25] In Indien spielen archäologische Museen eine exponierte Rolle als Rückgrat der kulturellen Bildung.[26] Anderswo, z. B. in Namibia, werden Museumsomnibusse eingesetzt.[27] Auch bei der Alphabetisierung wirken Museen mit.[28]

22 Vgl. Our Creative Diverstiy. Report of the World Commission on Culture and Development, Pérez de Cuéllar Report, Paris 1995, S. 185.
23 Vgl. Andrea Hauenschild, Neue Museologie. Anspruch und Wirklichkeit anhand vergleichender Fallstudien in Kanada, USA und Mexiko, Bremen 1988 (Veröffentlichungen aus dem Übersee-Museum D 16).
24 Romain Maitra, The growth of science museums in India, in: Museum international 193/1997, S. 49–53.
25 Vgl. Malcolm J. Scoble, Natural history museums and the biodiversity, in: Museum international 196/1997, 55–59, und Museumskunde 61/1996 (Themenheft Natur und Museum).
26 I. K. Sarma, Archaeological site museums in India: the backbone of cultural education, in: Museum international 198/1998, S. 44–49.
27 Christine und Peter Nias, Namibia's Mobile Museum Service, in: Museum international 192/1996, S. 45–48.
28 Museum international 165/1990 (Themenheft Museum, literacy and literacy work).

Nachbau der alten Moschee von Zaria im Museum für Architektur in Jos, Nigeria.

Blickt man so auf die Vielfalt der Museumswelt, dann erscheinen ganz andere Akzente wichtig als diejenigen, die im Guggenheim-Experiment eine Rolle spielen. Bei archäologischen, kulturhistorischen, naturwissenschaftlichen und technischen Museen sowie Freilichtmuseen würde niemand auf die Idee kommen, nur Filialen eines universalen Naturmuseums zu etablieren.

Mit dem Hinweis, daß es sich in den genannten Fällen um sogenannte »Entwicklungsländer« handele, kann die Bedeutung dieser Konzepte nicht relativiert werden: Auch in Europa gibt es eine Fülle von ungelösten Zukunftsaufgaben, für die soziale, ästhetische und politische Phantasie gefragt ist – nicht zuletzt daraus legitimiert Jean-Christophe Ammann in Frankfurt auch das Kunstmuseum: Trainingslager für Wahrnehmung und Think Tank sind ihm die Museen; heute wird »der Künstler buchstäblich aufgefordert, Modelle für die Zukunft zu entwickeln«.[29] Wie solche Versprechungen auch konkret eingelöst werden, darüber wäre dann allerdings zu reden – auch dann, wenn z. B. der Prozeß »Agenda 21« nicht nur als technisch-ökologischer, sondern auch als kultureller Prozeß verstanden werden soll.[30] Auch Museen dieser Art sind ökonomischem Druck ausgesetzt und müssen sich neue Strategien der Selbstbehauptung ausdenken.[31] Aber sie greifen dabei auf das persönliche Engagement ihrer Nutzer und ihrer unmittelbaren Umgebung zurück, statt sich nur auf die finanziellen Ressourcen der prosperierenden Schichten und Sektoren des wirtschaftlichen Lebens zu beziehen.

Museen dieser Art sind Orte kultureller Öffentlichkeit (man könnte auch vom »sozialkulturellen Design« des »Produktes Museum« sprechen) und setzen ihre Tätigkeit in Beziehung zu der Lebenswelt ihres Umfeldes. Den Menschen in Indien, den Ländern Lateinamerikas oder Schwarzafrikas wäre nicht gedient, wenn mit Hilfe der lokalen Eliten (die in der Diskussion um endogene Entwicklungshemmnisse immer wieder als Verhinderer von Entwicklung und Zukunftsfähigkeit benannt werden) dort überall Filialen der Guggenheim Foundation entstünden: Sie würden gelobt von den kosmopolitischen Eliten anderswo, wären aber von den Lebenswelten des Alltags im eigenen Land meilenweit entfernt.

29 Jean-Christophe Ammann: Für einen ›Contrat Culturel‹, in: Frankfurter Rundschau, 4. April 1995, und (für das zweite Zitat): ders.: Schöpferische Allianz, in: Frankfurter Allgemeine Zeitung, 24. Oktober 1995. Einen Nachklang finden entsprechende Trends auch beim deutschen Museumsbund (Antoni Nicolau Marti, Historische Museen und das Problem der sprachlichen und kulturellen Identität, in: Museumskunde 1997, Heft 1; David Kahn, Community-bezogene Ausstellungen; Horia Bernea, Das Museum? Ein offener Erkenntnisprozeß.
30 Tina Jermann/Uli Nitschke, Nachhaltige Kulturpolitik – Lokale Agenda 21, in: Kulturpolitische Mitteilungen 81 (II/1998), 27–31.
31 Doris Rothauer, Harald Krämer (Hg.), Struktur & Strategie im Kunstbetrieb. Tendenzen der Professionalisierung, Wien 1996; ferner: Museen unter Rentabilitätsdruck. Engpässe – Sackgassen – Auswege, ICOM Deutsches Nationalkomitee München 1997/1998, und Annette Zimmer (Hg.), Das Museum als Nonprofit Organisation. Management und Marketing, Frankfurt am Main/New York 1996.

Freistehender Lebensmittelspeicher, Nachbau im Museum für Architektur in Jos, Nigeria.

Gewiß, auch die Renaissancekunst verbreitete sich durch die metropolitanen Vorbilder, und wenn die Kunst dieser Epoche und des Barock die Architektur und Kirchenausstattung Italiens, ja fast ganz Europas und mit spezifischen Varianten auch die in den von Europa unterworfenen Territorien bis in die letzten Winkel prägte und noch die ländlichen Kirchen Hessens oder Bayerns mit Bauernbarock ihr spezifisches Gesicht erhielten – warum sollte nicht auch der Moderne zugestanden werden, prägend zu wirken?

Der Maßstab dafür aber kann nur in der Art und Weise gefunden werden, wie diese Moderne Zukunftsfähigkeit, Lebensqualität und sichere Existenz in eigener Würde gewährleistet. Und dazu scheinen die in ihrer Lebenswelt verankerten Museen mehr beizutragen als Filialen von Guggenheim für die lokalen Eliten.

Für das Projekt in Bilbao hat Guggenheim eine Reihe von Zugeständnissen in dieser Richtung gemacht. Die Stiftung hat sich verpflichtet, Kunst aus der Region zu sammeln und auszustellen. Neidlos wird zunächst auch anzuerkennen sein, daß der versprochene Erfolg, nämlich eine Aufwertung des Stadtviertels, der Stadt und der Region eingetreten ist, mindestens was die Besucher anbetrifft. Wenn die Besucher zu bedeutenden Teilen aus der Ferne kommen, verspricht dies Umwegrentabilität (eine Rechnung, bei der freilich gern übersehen wird, daß dem bedeutende ökologische Kosten gegenüberstehen: Wenn der Tourismus als gigantische Umverteilungsmaschine für Wohlstand von reichen in arme Regionen gelten soll, dann darf dies auf Dauer nicht vernachlässigt werden). Zu fragen aber bleibt, wie die Perspektiven sich entwickeln. Daß ein Monopol von Guggenheim und anderen großen Museumsstiftungen kontraproduktiv ist, das deutet sich an.

Europa entwickelt sich, so der zitierte kanadische Museologe MacDonald schon 1987, zu einem »giant *in situ* museum«.[32] Wer Italiens

---

32 George F. MacDonald, (s. Anm. 2), S. 210.

Kunststädte besucht, kann sich vorstellen, daß er so unrecht mit seiner Prognose nicht hat.

Der Vergleich mit Museumskonzepten in anderen Regionen der Welt verdeutlicht, wie sehr die Museen in Deutschland Orte der Freizeitbeschäftigung für eine selbstzufriedene Müßiggängerklasse sind. Mit dem vorgestellten Szenario der internationalen Museumsdiskussion werden Maßstäbe erkennbar, an denen die Erfolge des Prinzips Guggenheim zu messen wären. Pauschalkritik und grundsätzliche Abwehr helfen nicht weiter – zumindest bei uns. Die Meßlatte hoch hängen, die Ansprüche ernst nehmen, das ist sinnvoller. Die immer wieder behauptete und zur Legitimation herangezogene Rolle der Museen als »Think Tank« (Ammann) nicht nur für Marketing-Innovationen, sondern – und für mich wichtiger – für soziale Innovationen ist einzufordern von dem System der Distribution und Pflege von Kulturgütern. Wenn das nachhaltig gelingt, um so besser. Die selbstbegrenzungsfähige Zivilgesellschaft hat eine Menge von entsprechendem Selbstorganisationsbedarf.

Elmar Altvater
Dreams that Money can Buy

oder: Die »Kohle und die Kunst«

Kein Beitrag zur Geschichte der Ruhrfestspiele und jenes sagenhaften Tauschgeschäftes »Kohlen für die Kunst – Kunst für die Kohle« nach dem Zweiten Weltkrieg ist geplant. Vielmehr geht es einerseits um die mächtige Anziehungskraft der Kunst auf das Geld und diejenigen, die darüber verfügen. Andererseits ist Geld des Künstlers Traum. In diesem eher übertragenen Sinne können wir von »Kunst und Kohle« reden, wenn wir uns mit der heute alle Salons und viele Seminare beherrschenden Frage nach der Globalisierung befassen. Warum sollte es den hohen Künsten anders ergehen als den Shopping-Gewohnheiten der Konsumenten, der Ästhetik von Waren, der Mode oder dem Design? Im Zuge (besser: im Fluge oder auch im Netzwerk) der Globalisierung werden die markigen Ecken und Kanten des unverwechselbar Lokalen und Einzigartigen abgeschliffen, wird das spezifisch Provinzielle vereinheitlicht und auf ›Anschlußfähigkeit‹ an globale Standards abgeprüft, wird synthetisiert und synergetisiert, werden Produkte erzeugt, bei denen die Geschmäcker der Publikümer überhaupt nicht mehr verschieden sind. Auch Kunstprodukte werden wie Eisenerz und Schweinehälften – abrakadabra – auf dem säkularisiertesten aller Orte, den die Moderne hervorgebracht hat, auf dem Marktplatz nämlich, in ›like products‹ verwandelt, deren globalen Austausch der GATT-Vertrag oder TRIPS (trade related intellectual property rights) und TRIMS (trade related investment measures) regeln. Es ist nichts Neues, daß auch Kunstprodukte auf dem Marktplatz gehandelt werden; neu ist allerdings, daß sich auf dem Markt Anbieter und Nachfrager aus aller Welt treffen und um den Preis der Kunst feilschen. Wieviel ›Kohle‹ für die Kunst? Welche Kunst wollen die, die über ›Kohle‹ verfügen, die Besitzer der Geldvermögen?

Paradoxien des Sponsoring

Auch wenn die so gestellte Frage Einseitigkeit provozieren könnte, kann sie sich auf tatsächliche Tendenzen berufen, diese werden lediglich überhöht und in grelles Licht getaucht. Sie verweist uns auf die Notwendigkeit der Auseinandersetzung mit Entwicklungen, die inzwischen unter dem Begriff der Globalisierung zusammengefaßt werden. Diese bedeutet ja nicht nur, daß die weißen und roten Flekken auf der Landkarte verschwinden und wir im Internet Informationen über die Strände Baja Californias und den Mietpreisspiegel Berlins abrufen oder bei amazon.com fast jeden Schmöker per Mausklick bestellen können. Die Globalisierung erschöpft sich auch nicht darin, daß das erdnahe Weltall ins Visier der modernen Weltoberer genommen wird oder die Reinhard Messners aller Länder sich zum Sturm auf die letzten Gipfel und Gletscher vereinigen, daß die Eiskappen der Pole angebohrt werden, um die Geheimnisse des Erdklimas vor Millionen Jahren zu ergründen und dabei eher nebenbei Rohstofflager aufzutun. Auch die Erkundung der Micro- und Nanoräume zur Lüftung der Geheimnisse des Lebens, um auf diese Weise verwertbares Wissen über produktiveres Saatgut, über die Herstellung von ›Wunschkindern‹ und die Zucht von Turbokühen zu erwerben, ist ein Element von Globalisierung, eines systematisierten Drangs der totalen Verwertung auch des bislang Unverwertbaren. Daß davon auch die Künste ergriffen werden, ist genauso wenig erstaunlich wie ein McDonald-Ristorante im Angesicht der Spanischen Treppe in Rom, nahe der traditionsreichen Libreria Feltrinelli um die Ecke vom Café Greco, wo schon Goethe eingekehrt ist. Im Verlauf der Globalisierungsprozesse ist der Maßstab sehr viel größer geworden, den all jene anlegen, die – wie Oscar Wilde sagt – den Preis von allem, aber den Wert von nichts kennen. Dieser Logik folgend muß sich auch das für Kunstwerke aufgewendete Kapital lohnen, es muß sich verwerten.

Doch so eindeutig und unmißverständlich die Aussage ist, sie läßt gerade jene Paradoxien im Dunkel, die schon immer das Verhältnis von Kapitalismus und Kultur bestimmt haben. Denn gar so schnöde verwertungsorientiert geht es in den Welten der hohen Künste und des großen Kapitals nicht zu; man könnte sogar sagen: im Gegenteil, ökonomische Verwertung ist gerade kein treibendes Motiv. Mäzene geben Geld, wollen es aber nicht immer materiell verwerten. Allenfalls ist ihnen an immateriellen Gratifikationen gelegen, an der Plakette auf dem Bilderrahmen, an der Erwähnung im Katalog, an den Dankesworten und den Einladungen zu Salongesprächen, an den Schmeicheleien der Begünstigten. Die Welt des Mäzenatentums freilich ist dabei unterzugehen Auch dieses Weltenende hat mit der Globalisierung zu tun. Dafür sind vor allem zwei Gründe verantwortlich. *Erstens* plazierten Mäzene traditionsgemäß eher die Sahnehäubchen auf die öffentliche Förderung von Kunst und Wissenschaften, sofern die Mäzene nicht wie in alten, vorkapitalistischen Zeiten der Fürsten und Könige selbst öffentliche Figuren oder Institutionen waren. In den Zeiten der Maasticht-Kriterien und der globalen Finanzkrise aber sind die öffentlichen Kassen leer und auch jene sind auf private Zuwendungen angewiesen, die bislang eine ausreichende öffentliche Basisfinanzierung hatten. Wenn die Nachfrage steigt, intensiviert sich der Wettbewerb um das Angebot, kommen unvermeidlich Markt- und daher Rentabilitätskriterien zur Geltung, die der Mäzen der alten Schule oder die geförderte Einrichtung und der bedachte Künstler sicherlich weit von sich gewiesen hätten.

Folge: Der Mäzen wandelt sich in den Sponsor, und der hat Mittel für durch ihn definierte Zwecke zur Verfügung, für die er eine Gegenleistung erwartet, die aber nicht unbedingt der Gesponsorte erbringen muß. Jedenfalls wird ein gewisses berechenbares Äquivalent erwartet. Der Gesponsorte seinerseits konkurriert gegen andere Einrichtungen auf dem ›Sponsoring-Markt‹ um stets zu knappe Mittel. Auch auf dem Markt für Sponsoring ist das von Adam Smith gelobte Prinzip der vertieften Arbeitsteilung durch Spezialisierung dominierend. Während die einen Sponsoren in Fußballer ›investieren‹, die dafür, wenn sie Fernsehinterviews geben, auf ihrem weißen Hemdkragen den Namen des Sponsors unverwechselbar in Leuchtschrift zeigen müssen, die anderen einen Fernsehfilm ›präsentieren‹ oder einer Universität ein paar Zeitschriftenabos gegen ziemliche Erwähnung schenken, investieren andere in die Hannoversche Weltausstellung oder sie geben ›Kohle‹ für die Kunst.

Wenn der Sponsoring-Markt sich differenziert und dabei unübersichtlich wird, betreten *zweitens* Makler den Plan, die Sponsoren und Gesponsorte gebührlich zusammenzubringen. Sie erhöhen die Transparenz des Marktes und sind zugleich auf der Suche nach immer neuen Geschäftsfeldern. So gerät die Kunst unvermeidlich unter die Naturgewalt der Marktkräfte. Es ist ein weit verbreitetes Vorurteil, daß sie Vermarktwirtschaftlichung nur als Deregulierung daherkomme. Auch die Deregulierung muß, z. B. durch eine Regulierungskommission wie im Bereich der Telekommunikation, reguliert werden. So schreit auch der Sponsoring-Markt nach Regulierung, z. B. nach Regeln der Besteuerung. Im Sponsoring-Erlaß des einstmaligen Finanzministers Waigel ist festgelegt worden, daß Sponsoring-Ausgaben als Betriebsausgaben steuerlich abgesetzt werden können, wenn der Sponsor »wirtschaftliche Vorteile, die insbesondere in der Sicherung und Erhöhung seines unternehmerischen Ansehens liegen, erstrebt«. Der Gesponsorte muß daran, beispielsweise durch Erwähnung des Sponsors auf Plakaten oder in Katalogen etc., mitwirken. Freilich wird nun die gesponsorte Einrichtung wie ein Unternehmen behandelt, das um Einnahmen wirbt – und diese sind zu besteuern. Offenbar eine absurd unsinnige Regelung, mit der es dem Finanzamt möglich ist, mit der einen zu geben, was es mit der anderen Hand den Gesponsorten gerade abgeknöpft hat. Der Erlaß zeigt, wie schwierig es ist, vernünftige Regelungen des neu entstandenen Marktes zu erlassen. Wie in anderen Politik- und Kulturbereichen auch, schweift der Blick sehnsuchts- und respektvoll über den Atlantik in die USA, wo das Sponsoring- und Stiftungs-›Know how‹ konzentriert ist. Dabei gerät in Vergessenheit, daß dieses ›Know how‹ gar nicht gebraucht würde, wenn die öffentliche Förderung noch stimmen würde.

Die toten Kosten der Kunst

Zu den Paradoxien von Kapitalismus und Kultur gehört es auch, daß einerseits Kultur ›tote Kosten‹, ›faux frais‹ verursacht, weil man ja auch Brötchen backen kann, ohne dabei ein Lied zu singen oder zur Kompensation des Arbeitsstresses am Wochenende in die Oper gehen zu müssen. Max Weber hat ja den ›Geist des Kapitalismus‹ mit Askese und protestantischer Absage an alle Prächtigkeit in Verbindung gebracht. Individuelles Handeln und gesellschaftliche Dynamik folgen dem ›Trieb‹ der Akkumulation von Kapital, und dieser mäandriert nicht, sondern bricht sich von ästhetischen Erwägungen ungebremst seine Bahn. Doch andererseits kann diese asketische Selbstbeschränkung durchaus gefährlich und konterproduktiv sein. Denn Kulturgüter und Kunstprodukte können selbst zu verwertbarem Kapital werden, wie bereits angedeutet worden ist.

Niemand, der schon einmal von der Gaußschen Normalverteilung gehört hat, wird jedoch erwarten wollen, daß künstlerische Spitzenprodukte einer Elite erzeugt werden können, ohne daß diese auf einem breiten Fundus von künstlerischer Normalität und Banalität auflagert. Kultur, Wissenschaft, Kunst bedürfen also der breiten Förderung, weil nur so die auf dem Markt verwertbare Spitzenproduktion eine Chance hat. Was jeder und jede kann – ein Liedchen singen, ein Gedicht verfassen oder ein Aquarell malen –, ist als Ware auf dem globalen Markt unbrauchbar, nicht konkurrenzfähig. Nur wenn jemand besonders gut Arien singen, Literatur schreiben, Gemälde gestalten kann, wird das Produkt exklusiv, einzigartig und als Original nicht reproduzierbar. Aber damit dies geschieht und Kunst auf dem globalen Kunstmarkt gilt, müssen viele singen, dichten und malen. Die Elite braucht immer diese vielen, aus denen sie – durch welche Mechanismen auch immer, zu Recht oder ungerechtfertigt – ausgewählt wird.

Darüber hinaus bilden – öffentliche und private – Investitionen in die Künste und in die Wissenschaft ›kulturelles Kapital‹. An diesem mit einem schrecklichen Wort bezeichneten Sachverhalt knüpfen inzwischen ganze Theoriestränge an, die geflochten werden, um im globalen ›Standortwettbewerb‹ die Bedingungen überlegener Wettbewerbsfähigkeit ausfindig zu machen. Daß in Deutschland, wie Micha Brumlik mitteilt (TAZ, 18. Dezember 1997), etwa so viele Opernhäuser unterhalten werden wie in der ganzen restlichen Welt, ist ursprünglich wohl der Liebe zur Oper geschuldet. Inzwischen ist dies aber auch eine Strophe im Preisgesang der Standortpolitiker, im Loblied auf den Standort Deutschland. Es ist klar, daß »every major cultural institution, from the Metropolitan Museum of Art to the New York Public Library to Lincoln Center, would collapse immediately if it were at the mercy of market forces« (Edward Rothstein in: International Herald Tribune, 30. April 1998). Für die Bildung von ›kulturellem‹ oder ›sozialem‹ Kapital können also nicht nur die Privaten zuständig sein. Da bleibt auf Dauer eine öffentliche Domäne, und zwar trotz neoliberaler Privatisierungswut.

Der Begriff des ›Standorts‹ ist zwar ideologisch besetzt, ein Kampfbegriff gegen ›Anspruchsdenken‹ und Beharrlichkeit. Er macht aber Sinn, wenn zweierlei ausgeschlossen wird: *erstens*, daß es die nationalstaatlichen Grenzen sind, die den ›Standort‹ definieren und die Einheiten der Konkurrenzfähigkeit im globalen Raum umgeben. Dies konnte Friedrich List noch im Rahmen seiner Theorie der ›produktiven Kräfte‹ einer Nationalökonomie (die die feste Grundlage des Nationalstaats sein sollte) unterstellen. Standorte als Einheiten von Wettbewerbsfähigkeit aber sind unter dem Druck des globalen Wettbewerbs nur selten mit den nationalstaatlichen Grenzen kongruent, sie sind subnationale ›Distrikte‹ (›Mikroregionen‹) oder besitzen supranationale Ausdehnung (›Makroregionen‹). Daher fehlt der Bezeichnung ›Standort‹ und folglich auch der Bestimmung derjenigen Institutionen die Eindeutigkeit, die für die Bildung des ›kulturellen Kapitals‹ verantwortlich sind. Ist dies europäische, nationale oder regionale Aufgabe? Und wenn alle daran mitwirken, wie sind die Regeln der Zusammenarbeit ausgestaltet, um nicht in ›Politikfallen‹ zu geraten, die zur Selbstblockade führen?

Zweitens wird gegenüber der Markttheorie mit dem Begriff des ›Standorts‹ deutlich gemacht, daß es nicht nur ›nackte‹ mikroökonomische Einheiten, also Unternehmen sind, die als Anbieter und Nachfrager auf Märkten auftreten, sondern daß sie mit sozialen Verhältnissen, ökonomischen und politischen Netzwerken im territorialen Raum und in historischer Zeit eingekleidet, daß sie in einer spezifischen Kultur eingebettet sind und daß das Kleid von unverwechselbarer künstlerischer Ästhetik ist. Als Marktakteure zählen Unternehmen also immer einschließlich der außermarktmäßigen Vernetzung. Es wäre ja ganz unvorstellbar, daß Kommunikation sprachlos erfolgt, und es ist erst recht unvorstellbar, eine Sprache beherrschen zu wollen, ohne die Kultur, deren Ausdruck sie ist, zur Kenntnis zu nehmen. Ein Unternehmen ist also mehr als die durch Eigentumsrechte definierte kapitalistische Einheit. Für die lokale Wettbewerbsfähigkeit in der globalen Konkurrenz sind daher ›industrial districts‹, ›clusters‹ von Unternehmen von Relevanz. Deren Wettbewerbsfähigkeit hängt nicht allein von mikroökonomischen Anpassungsstrategien (wie die reine Markttheorie unterstellt) oder von nationalstaatlicher Politik (wie die traditionelle Debatte über politische Steuerung hervorgehoben hat) ab, sondern auch (und vor allem) von Beziehungen der Interaktion in ›Netzwerken‹ sehr unterschiedlicher, konkurrierender und kooperierender Akteure der Gesellschaft. Dies war bereits Thema von Alfred Marshall, als er kurz vor der letzten Jahrhundertwende die Bedeutung von nicht-marktförmigen ›external effects‹ für den Markterfolg von Unternehmen erkannte: z. B. die positive Wirkung der privat und öffentlich bereitgestellten materiellen Infrastruktur oder der Ausbildung von Arbeitskräften oder von Beziehungen des Vertrauens, die die ›Transaktionskosten‹ von Marktakteuren senken und Synergieeffekte auslösen. Bei näherer Betrachtung zeigt es sich, daß mikroökonomisches Management, staatliche, makroökonomische Wirtschaftspolitik und gesellschaftliche Netzwerke zusammenwirken müssen, wenn ein effizientes produktives System am ›Lokus‹ in der Konkurrenz des ›Globus‹ entstehen soll.

Darin kommt zum einen zum Ausdruck, daß globaler Wettbewerb und lokale Wettbewerbsfähigkeit unterschiedlichen Prinzipien gehorchen: Der globale Wettbewerb auf Märkten basiert auf Äquivalenzbeziehungen von Geld gegen Leistung. Diese sind Gegenstand der liberalen Theorie. Die Wettbewerbsfähigkeit aber hängt von gesellschaftlichen Prozessen der Kooperation auf der Basis von Reziprozitätsbeziehungen ab. Der globale Wettbewerb findet im ›luftigen‹ entterritorialisierten und zeitlosen Raum ökonomischer Funktionsmechanismen statt; die Wettbewerbsfähigkeit hingegen ist ohne territoriale Bindung und lokale Verankerung in historischer Zeit nicht zu sichern oder gar zu verbessern. Dies ist auch ein Grund dafür, daß die von manchen Markttheoretikern erhoffte Konvergenz durch weltwirtschaftliche Integration ausbleibt. Im Widerstreit der beiden Prinzipien von Wettbewerb und Äquivalenz einerseits und Wettbewerbsfähigkeit und Reziprozität andererseits können attraktive Standorte ihre Attraktivität verlieren und durch andere ›Standorte‹, die im Konzert der ›global cities‹ den Ton anzugeben in der Lage sind, abgelöst werden.

Kunst als Kapitalanlage

Doch ist die Welt des Geldes wirklich so nüchtern und trivial, zwar von den Zwängen globaler Konkurrenz beherrscht, aber ohne kosmopolitische Grandiosität, da kleinkarierter Standortpatriotismus dem Denken die Flügel gestutzt hat? Nein, die Protagonisten des Geldes haben ihre ›dreams‹ und sie haben den Vorteil, daß es sich dabei um

›dreams that money can buy‹ handelt. Es ist finanzierbar, mal schnell nach Majland zu fliegen, um in der Scala eine Première zu besuchen oder einen Ministerpräsidenten zum Opernball nach Wien im Firmenjet mitzunehmen. Sie bauen das Teatro da Amazonia in Manáus, wo Caruso aufgetreten sein soll, finanziert von den stinkreichen Gummibaronen in den Zeiten des Kautschukbooms (bis 1917); Werner Herzog hat diesen dollarfinanzierten ›sonho da borracha‹ im amazonischen Regenwald nacherzählt.

Kunstwerke, für die Geld aufgewendet worden ist, Museen oder Veranstalter von Kongressen etc., die privat gesponsort werden, gelten nun unvermeidlich als eine Art Kapitalanlage, auch wenn dies mancher Sponsor oder so manches sensible Künstlerherz nicht wahrhaben will. Das ist im Prinzip gar nichts Neues, wird nun zu Recht eingewandt. Denn die großen Kunstsammlungen der Welt, von Moskau bis New York, sind durch gezielten Kauf der Werke (und nur zum Teil durch Schenkungen) entstanden. Und doch ist etwas Neues zu verzeichnen. Das ist vor allem die im Zuge der Globalisierung gegebene leichtere Mobilisierbarkeit des im Kunstwerk fixierten Kapitals. Reden wir von den bildenden Künsten, von Malerei und Plastik. Während früher das Kunstwerk selbst veräußert werden mußte, um den inneren Kapitalwert – sofern es einen hatte – zu liquidieren und das Kunstwerk dabei den Eigentümer wechselte, kann es heute leichter als je zuvor beliehen werden; es dient möglicherweise als ›collateral‹ bei Kreditgeschäften. Es wäre reizvoll zu wissen, wie viele Spekulationsgeschäfte nur möglich werden, weil da eine wertvolle Gemäldesammlung als Sicherheit für Kredite eingesetzt worden ist.

Kunstwerke können auch gegen Eintritt präsentiert werden und auf diese Weise eine Rendite auf das investierte Kapital erbringen. Das ist ebenfalls nichts Neues, ist dies doch das Prinzip eines jeden Museums, von der alten Pinakothek bis zum Heimatmuseum. Freilich sind nicht alle Kunstwerke für diese Verwendung geeignet, sondern nur jene, die auf dem globalen ›Kunstsammlungs- und Museumsmarkt‹ genügend attraktiv oder geeignet sind, mit Hilfe von

›promotion measures‹ mit Attraktivität ausgestattet zu werden. Dabei neue und bisher nicht verwendete Maßstäbe gesetzt zu haben ist das Besondere am ›Prinzip Guggenheim‹. Man legt sich an verschiedenen Orten der Welt attraktive Museen zu, um reihum die Exponate zu zeigen, die sonst totes Kapital in Lagerhallen wären. Einem eingeführten Ausstellungsort würden sie keinen zusätzlichen Wert geben, weil dieser bereits gesättigt ist; dies dürfte der Fall von Guggenheim New York sein. Die Globalisierung also hat zur Folge, daß ein Museumsstandort seine lokale Immobilität verliert und im globalen Raum mobilisiert wird.

Guggenheim geht auf die Walz

Nicht nur das einzelne Kunstwerk wird auf einem internationalen Kunstmarkt, beispielsweise durch die großen und altehrwürdigen Auktionshäuser wie Sothebys und Christies, gehandelt. Kunstwerke werden auch in Ausstellungen an bestimmten Orten zusammengebracht, zu dem sich jene manchmal von weit her aufmachen, die die Ausstellung – aus welchen Gründen auch immer – sehen wollen. Die Ausstellung ist ein Ereignis, dessen Einmaligkeit den Wert steigert. Beim Prinzip Guggenheim hingegen werden ›hochkarätige‹ Kunstsammlungen (so die Deutsche Bank über das Deutsche Guggenheim Berlin in einem Werbefaltblatt) in den Räumen eines transnationalen Filialbetriebs dem Publikum in New York, in Bilbao, Berlin, Venedig und demnächst auch anderswo präsentiert, um die Kaufkraft des kunstinteressierten Publikums optimal abzuschöpfen und um – so jedenfalls in Berlin – »zwischen einer Bank und einem Museum«, also zwischen ›Kohle‹ und Kunst, ein für beide Seiten »einzigartiges Joint venture« zustande zu bringen. Der »dream that money can buy«, ist, bei wachem Verstand analysiert, ein »joint venture«; da verweist schon der Begriff schnörkellos auf den kapitalistischen Kern. Idealistische Kunstbeflissene werden ob dieser Mammonisierung der Kunst je nach Temperament entsetzt oder enttäuscht sein. Realisten hingegen könnten das Guggenheim-Prinzip in wohlwollender Interpretation auch als Demokratisierung der Kunst bezeichnen. Denn man muß sich nun nicht mehr auf den beschwerlichen, mühsamen und teuren Weg zu den Kunstwerken der Welt machen, wenn diese wie der Berg zum Propheten dem Publikum vor Ort dargeboten werden. Es gibt freilich auch eine andere Seite. Mit der Anwendung des Guggenheim-Prinzips wird die globale Marktlogik auf einen Bereich ausgedehnt, der davon am ›Museumsstandort‹ noch verschont war. Museen sind seit ewigen Zeiten verortet: Heimat- und Stadtmuseum, National- und Landesmuseum. Es ist unvorstellbar, daß sich die vatikanischen Museen, der Louvre, das Pergamon Museum, der Prado auf die Walz um die Welt machen, um eine Auswahl von Kostbarkeiten zu präsentieren. Weil sie dies nicht tun, sind sie unverwechselbar und für Rom, Paris, Berlin oder Madrid ein lokaler Attraktionspunkt. Die globale Vielfalt der ›Museumskultur‹ existiert nur so lange, wie es viele Orte mit unterschiedlichem lokalem Kolorit gibt. Wenn der Weltmarkt nun auch den Museumsmarkt gebiert, dann besteht die Gefahr, daß die Vielfalt der Einfalt weicht, auch wenn diese ›künstlerisch wertvoll‹ sein mag, und daß die Orte bis zur langweiligen Monotonie eingefärbt werden, auch wenn große Kunst um den Globus geschickt wird. Zwar wird behauptet, daß gerade der Markt die Diversität der Arten (auch der Kunstarten) begünstigt. Der Markt gestattet es ebenso, die Bayreuther Festspiele zu besuchen, weil der Zugang zu einer Frage von Geld und Geduld geworden ist, und nicht mehr von Stand und Statur abhängig ist, wie den Flöten der Mapuche zu lauschen oder sich in Techno eine Musikcollage selbst zusammenzustellen – ganz nach gusto, und der kann gut oder schlecht sein; doch das ist unerheblich.

Zugleich ist der Markt aber auch ein elender Gleichmacher, »der Sieger heißt McWorld« (Titel eines Interviews mit Benjamin Barber in der Berliner Zeitung, 12./13. Juli 1997). So wie die berüchtigten Hamburger von Moskau bis Peking, Chihahua und Chicago die Norm des Fleischanteils und anderer Ingredienzien erfüllen, so das Interieur der Hotels von Melbourne bis Kapstadt. Es war einmal, als »ein Lied um die Welt« ging und dieses außerordentliche und erstaunliche Ereignis in einem neuen Lied besungen wurde. In Zeiten von Time-Warner, Bertelsmann und Sony gehen Millionen CDs um die Welt, 24 Stunden am Tag in den Videospots von Viva, MTV und dergleichen weltweit, aber von lokalen Werbespots durchsetzt ausgestrahlt. In den Spielzimmern der Kids von Uruguay bis Ungarn hat sich der Spielzeugmulti ›Toys‹ festgesetzt. In den (sozialwissenschaftlichen) Uni-Seminaren von Berlin bis Beirut und von Toronto bis Tokio gibt es vor allem ein Thema, und das heißt Globalisierung. Faszinierend und bestürzend ist, daß das Thema tatsächlich überall ganz ähnlich abgehandelt wird, weil von der großen Mehrheit derjenigen, die sich mit dem Thema befassen, gerade einmal (außer der je lokalen) die englischsprachige Literatur benutzt wird und folglich die Diskurse unziemlich eingeengt werden. Das Internet gibt diesen Tendenzen einen machtvollen Stoß, beschleunigt und vereinseitigt sie noch mehr.

Globalisierung, fin de siècle

Dagegen ist an der Jahrhundertwende mit normalen Mitteln nichts auszurichten. Und so kann das Guggenheim-Prinzip auch als ein erfolgversprechender Versuch interpretiert werden, mit den Wölfen der Globalisierung zu heulen, so wie es Disney schon seit Jahrzehnten mit erklecklichem Erfolg vorexerziert. Besonders apart ist dabei, daß das Joint venture zwischen Kunst und ›Kohle‹ zustandekommt, hat es doch die ›Kohle‹ im Verlauf der finanziellen Globalisierung in sich. Der Künstler kann nur staunen, wenn er (oder sie) sich die Daten nennen läßt. Täglich werden mehr als 1400 Mrd. US$ an den Devisenbörsen gehandelt, davon dienen weniger als 5 % der Finanzierung realer Geschäfte (Welthandel und Direktinvestitionen), der große Rest des Weltgeldes von mehr als 95 % wird aus spekulativen Gründen bewegt. Die Bestände an Kontrakten sogenannter derivativer Finanzinstrumente machten nach Angaben des Internationalen

Währungsfonds (International Capital Markets, 1998, S. 97) Ende 1995 an die 68 000 Mrd. US$ aus, die Umsätze erreichten 1997 die Größenordnung von 360 000 Mrd. US$. Das sind unvorstellbare Summen von fiktivem Kapital (das globale Sozialprodukt macht weniger als ein Zehntel aus). Doch die Quantitäten der globalen Finanzen sind weniger wichtig als deren neue Qualität: die mit den neuen Finanzinstrumenten erhöhte Flexibilität und Mobilität des Kapitals auf den Weltkapitalmärkten. Die Finanzinnovationen sind gerade dazu erfunden worden, die Mobilität und Flexibilität von Geld und Kapital zu steigern, um den Transfer zwischen Währungen, zwischen Anlagen unterschiedlicher Fristigkeit oder Zinsausstattung nahezu in Echtzeit und daher zu minimalen Transaktionskosten zu ermöglichen und um Risiken handelbar zu machen. Die Konkurrenz auf dem Weltmarkt zwischen Ländern und Regionen ist wegen dieser Innovationen in der Welt der Finanzen härter und schärfer geworden. Die Globalisierung hat dem Kapital und seinen Akteuren (den Unternehmen) erweiterte Exit-Optionen beschert, die die Menschen, die ihre Arbeitskraft anbieten, nicht haben.

Aktionäre und andere Finanziers (›shareholders‹ werden sie in allen Sprachen genannt), die in erster Linie finanzielle Interessen am Unternehmen haben und dieses kaum noch als eine soziale Veranstaltung wahrzunehmen vermögen, vergleichen die Renditen ihrer Kapitalanlagen weltweit und setzen so das jeweils lokale Management von Unternehmen unter kurzfristigen Erfolgsdruck. Der Kapitalismus wird also systematisch noch mehr auf Kurzsichtigkeit getrimmt als sie ihm sowieso eigen ist. Doch ist die Tendenz der Angleichung kein Prozeß zu einem neoklassischen Marktgleichgewicht. Eine Konvergenz der ›Standorte‹ findet nicht statt. Dem wirkt schon die finanzielle Spekulation entgegen, die einerseits Differenzen von Renditen, Zinsen, Kursen im Raum und in der Zeit ausgleicht (Arbitrage), sie aber andererseits immer wieder erzeugt, zumal in den Krisen, die von der Spekulation ausgelöst werden. Die brutale Abwertung der Währungen in der Krise Asiens, Rußlands und Lateinamerikas seit 1994 hat eine Umlenkung der Finanzströme bewirkt und zu Preisbewegungen von Rohstoffen und Industriegütern geführt, die Handel und Direktinvestitionen und daher die Beschäftigung auch in den scheinbar gesunden Industrieländern betreffen. In den Ländern mit abgewerteter Währung verteuern sich die Importe, die Inflation steigt und die Realeinkommen der Massen sinken. Gleichzeitig erhöht sich der Zwang zum Export, zumal wenn Fremdwährungskredite bedient werden müssen. Die Gefahr eines Abwertungswettlaufs entsteht oder eine Neigung, auf die abwertungsbedingten Preissenkungen ebenfalls mit Preissenkungen zu reagieren, indem die Lohnkosten und daher die Einkommen gesenkt werden. Eine deflationäre Spirale wird in Gang gesetzt, deren Folgen nicht nur ökonomisch desaströs sind. Vor dieser Gefahr befindet sich die Weltwirtschaft am fin de siècle.

In einer solchen Welt, in der sich alles um das goldene Kalb dreht (allerdings kommt das Kalb in bits und bytes, also ganz unanschaulich und taktil unfaßbar, daher), ist es nicht verwunderlich, wenn das Bedürfnis nach Schönem und Wahrem der Kunst einen neuen Platz beschert, um die Frustrationen mit dem Kohlemachen zu kompensieren. Die Finanzmärkte sind global, warum sollte es der Kunstmarkt nicht sein? Die globalen Finanzkrisen haben das Alltagsleben von Abermillionen Menschen in einen Alptraum verwandelt. Doch Geld kann auch Träume kaufen (z. B. jene, von denen Marcel Duchamp und Hans Richter in ihrem Film ›Dreams that money can buy‹ erzählen), und Guggenheim liefert sie. Frei Haus in Berlin und Bilbao, in Venedig und New York (sowieso) und demnächst auch anderswo. Die Rechnung bitte in Dollar oder Euro begleichen, die Vereinbarung des Joint venture sieht es so vor.

Walter Grasskamp

Werbemutanten[1]

Zu Beginn der achtziger Jahre plante Jiri Georg Dokoupil, ein damals den Neuen Wilden zugeschriebener Maler, einen sonderbaren Beitrag für eine Gruppenausstellung: Er wollte seine Leinwände als Werbeträger vermieten – Firmen sollten für die Kunstwerke bezahlen, die im Gegenzug aus ihren malerisch veredelten Markenzeichen bestanden hätten. Das war für Anfang der achtziger Jahre keine schlechte Idee; trotzdem wurde sie nicht ausgeführt. Dokoupil erfuhr nämlich davon, daß kurz zuvor die Musikgruppe Trio den Cover ihrer Schallplatte »Bye bye« nach dem selben Prinzip gestaltet hatte, und gab das Vorhaben auf, das freilich gut in sein Werk gepaßt hätte.

Denn Dokoupil war, wie mancher andere Maler seiner Generation, in Fragen der Vermarktung durchaus kompetent, jedenfalls kein naiver Ausdruckskünstler, der diese Angelegenheit seinem Galeristen überlassen hätte. Vor dem Hintergrund seines hohen Marktbewußtseins war die Beschäftigung mit dem Logo nur eine logische Folgerung – warum war ihm aber Trio darin zuvor gekommen? Der Marktauftritt von Trio war mit dem Dokoupils durchaus vergleichbar, wenn auch die Strategie auf dem Musikmarkt eine andere sein mußte: Trio produzierte Schallplatten, die sowohl als marktfähige Schlager wie als deren Parodien durchgehen konnten. Ihre Dumpflyrik unterbot die notorische Infantilität des Schlagers mit sarkastischem Primitivismus: »Anna (LassmichreinLassmichraus)« oder »Da Da Da« wurden so zu echten Verkaufsschlagern, die keinen Zeitgenossen unbehelligt ließen.

[1] Der Text erschien unter dem Titel »Warenemblemitis – eine Krankheit« zuerst in der Süddeutschen Zeitung vom 3. November 1998; eine kürzere Fassung befindet sich in meinem Buch »Kunst und Geld – Szenen einer Mischehe«, das 1998 im Verlag C. H. Beck, München, erschienen ist. Ich danke Hans Haacke für zahlreiche Anregungen und Quellen.

Das hatte, trotz der aufdringlichen Alliteration, nichts mit Dadaismus zu tun, sondern mit einer neuen Stimmung auf den Kulturmärkten: Seit Anfang der achtziger Jahre galt es als offizielle Errungenschaft des postmodernen Kunstwerks, daß es – wie etwa Umberto Ecos Roman *Der Name der Rose* – Erfolg auf dem Massenmarkt erzielen durfte, wenn es gleichzeitig den Respekt amüsierter Intellektueller zu gewinnen verstand. Statt nur für die Nischenmärkte der Kunst zu produzieren, wurde es zur Doppelstrategie, Massenmärkte clever zu bedienen und sich davon zugleich ironisch zu distanzieren. Das Vermietungsangebot des Trio-Plattencovers signalisierte, daß man dafür sogar bereit war, das eigene Erscheinungsbild zu vermakeln – Zynismus als Identifikationsangebot und Einnahmequelle zugleich; kein Wunder, daß Dokoupil sich überrundet fühlte.

Wie kam es aber, daß ein Maler und eine Musikgruppe damals gleichzeitig die gleiche Idee hatten und ausgerechnet diese? Beide Male hatte offensichtlich der Sport Pate gestanden: Sportler, deren Berufsbekleidung; Stadien, deren Umrandung; Rennautos, deren Oberfläche nach genau ausgehandelten Quadratzentimetern für Markenembleme vermietet wurden – sie waren das Modell für die beiden Nachzügler aus den ungleichen Künsten. Womöglich hegten diese sogar eine gewisse Bewunderung für die Überlegenheit einer Kommerzialisierung, die im Sport schon damals nicht mehr verschämt überspielt wurde, sondern offen auftrumpfte: Schaut her, hier geht es um viel Geld und um viel Werbung, alles andere sind Action-Köder für die Massen! Diese abgeschmackte Mentalität mußte den Plagiatoren aus Kunst und *New Wave*-Schlager imponieren, denn auch sie wollten abgebrüht auftreten, ein wenig verdorben und illusionslos, auf interessante Weise korrupt und cool (wie wenig später Jeff Koons und Madonna), jedenfalls nicht so authentisch, sentimental und antikommerziell wie die vorhergehende Generation der Flower-Power-Weltverbesserer. Die zynische Versöhnung von Kapitalismus und Kultur galt als neue Jugendkultur, und da sie sich auszahlt, gilt sie auch heute noch als chic, nicht nur bei den Berufsjugendlichen der

Medien. Für diese Pose konnten Dokoupil und Trio sich die Waren-Emblemitis des Sportbetriebs ausborgen wie eine ansteckende, aber harmlose Krankheit, die den Körper zwar entstellt, aber nicht schmerzt und allenfalls im Portemonnaie angenehm juckt.

Im Sport ist diese Emblemitis seit den achtziger Jahren noch aufdringlicher und inzwischen so allgegenwärtig geworden, daß sie seither geborenen Kindern als fester Bestandteil einer Tätigkeit erscheinen muß, die ihre Großeltern noch als Vergnügen von Amateuren kennengelernt haben – Sport als kommerziell unergiebiger Zeitvertreib, den im Rückblick eine beinahe museale Fremdheit umweht. Ratlos werden kommende Generationen auf den Schwarz-Weiß-Fotos der Weltmeister von 1954 nach Sponsorenlogos suchen und das Gefühl entwickeln, damals müsse es sich beim Sport um eine fade und ziemlich belanglose Tätigkeit gehandelt haben, wenn sie für die Werbung so uninteressant war. Man muß ja selber auch schon ein wenig in seinen Erinnerungen kramen, um sich noch Motorsportler oder Fußballspieler, Skiläufer und Tennisspieler vorstellen zu können, die nicht mit Markenzeichen gesprenkelt vor die Fernsehkamera traten.

Hat man diese Distanz zum heutigen Medienzirkus erreicht, können einem die Logoanimateure freilich wie Mutanten vorkommen, wie vitale Wiedergänger ihrer Finanziers. Die nennen sich im Sport zwar Sponsoren, sind aber durchweg nur berechnende Werbekunden – smarte Parasiten des Spektakels, zu dem sie ihre Wirtstiere, die Sportler, auftanzen lassen. Als wandelndes Denkmal dieser Instrumentalisierung, und nicht nur als Sieger, steht ein Michael Schumacher auf dem Podest. Und wenn er dann seinesgleichen freudig erregt mit identifizierbarem Markenchampagner besprizt, hat man den Eindruck, einer Art Schiffstaufe beizuwohnen, mit der die Akteure auf ihre Markeneigner verpflichtet werden, als gebe es jetzt endgültig kein Entkommen mehr aus dieser profitablen Geiselnahme.

Der boshafte Vorschlag des Architekten Hans Hollein, der Frankfurter Museumsdirektor Jean-Christophe Ammann solle Sponsorenwerbung nicht auf den Außenwänden seines Edel-Gebäudes plakatieren, sondern sich lieber gleich auf die Stirn tätowieren lassen – im Sport, so hat man den Eindruck, steht er kurz vor der Verwirklichung. Einem Sportbetrieb, dem es gelingt, noch die Hemdkragen von TV-Moderatoren als Reklamefläche zu makeln, stünde für seine hündische Unterwerfung auch keine Steigerungsmöglichkeit mehr zur Verfügung als die Hautritzung. Allenfalls könnte man sich noch, wie einst Marcel Duchamp, einen großen Stern aus dem Haar des Hinterkopfes rasieren – was im Schwimmsport ja eine durchaus prominente Werbefläche abgäbe.

Wie ist es zu dieser Verbindung von Körper, Kleidung und Logo, von Sport und Werbung gekommen? Als Vorläufer kommen jene Tagelöhner in Frage, die als *Sandwichmen* einst auf den Boulevards der Metropolen mit Werbetafeln vor Bauch und Rücken auf und ab gingen. Das war, wie man sich denken kann, eine zwar aufmerksam notierte, aber nicht besonders angesehene Tätigkeit. Auf dem Bürgersteig mußte sie sich schon deswegen peinlich ausnehmen, weil ein Sandwichman zu erkennen gab, daß er nicht – wie ein Bürger – in eigener Sache unterwegs war, sondern fremdbestimmt, ja gleichsam ferngelenkt. Diese Fremdbestimmtheit hat im Sport ihre Peinlichkeit verloren. Die Häufung der Logos ist vielmehr das kommerzielle Echo der Auszeichnungen, welche die Sportler in ihren Disziplinen erhalten: Die Logodichte ist ein doppelter Gradmesser des Erfolges, denn sie nimmt in dem Maße zu, wie seine Leistungen einen Sportler ins Zentrum der Medienaufmerksamkeit rücken.

Es ist daher inzwischen als Teil des sportlichen Leistungsspektrums zu betrachten, so viele Quadratzentimeter der Kleidung an so viele Markenartikelwerber so teuer wie möglich zu verkaufen. Zwar treten die Sportler dabei immer noch als Repräsentanten ihrer Nation auf; als solche stehen sie sogar für Sponsoren gerade, die im Sport eine nationale Verantwortungsbereitschaft nur noch simulieren, die sie bei der Ansiedlung ihrer Produktionsstätten längst aufgegeben haben – es ist eben billiger, den deutschen Sport zu sponsern, als deutsche Lohnebenkosten zu zahlen. Lange wird man diesen Widerspruch aber wohl nicht mehr ertragen müssen, weil bald alle Mannschaften – wie das *Telekom-Team* im Radrennsport – statt nach Nationen gleich nach ihren Geldgebern benannt werden dürften. Dann wird die Fußball-Nationalmannschaft von Brasilien bei der Weltmarkt-Meisterschaft endlich offen als das *Nike-Team* gegen die von *Adidas* oder *Reebok* antreten können.

Gegen diese Logistik des Sport-Sponsorings hätte der Maler Dokoupil Anfang der achtziger Jahre keine wirklich eindrucksvolle Figur machen können: Ein Quadratmeter seiner Leinwand wäre ungleich weniger wert gewesen als auch nur ein Quadratzentimeter auf der Tennisbluse von Boris Becker. Denn die zeitgenössische Kunst fand damals – und findet, trotz aller Zugewinne, auch heute noch – nur einen Bruchteil des Publikums, das der Sport erreicht. Danach richten sich aber die Mietpreise. Kann man daher den eher elitären Charakter der Gegenwartskunst als Garantie dafür ansehen, daß Markenartikelwerbung hier nicht so überhand nehmen wird wie im Sport? Nicht unbedingt, denn das Publikum aktueller Kunst gilt als Multiplikatorenfeld, dessen relativ kleine Zahl durch eine modische Signalwirkung wettgemacht wird und daher auch für die Markenbesetzung interessant ist.

So fand man 1992 nicht nur Sponsorenlogos auf der ehrwürdigen Kasseler *documenta*, sondern ihren Leiter, Jan Hoet, auch als souveränen *dressman* in einer Werbeserie des Bielefelder Markenkonfektionärs *Windsor* wieder. In dieser Serie (und im Firmen-Katalog) trat zuletzt, 1998, der Maler Jörg Immendorff auf, und zwar mit einer mürrischen Miene, für die er überhaupt keinen Grund hat – belegt seine Präsenz doch, daß die klassische Strategie der *Testimonial*-Werbung durch Prominente jetzt auch die Künstler und Kunstvermittler einbezieht. Das könnte für diese durchaus schmeichelhaft sein, legt es doch die Vermutung nahe, sie hätten damit endlich die Prominenz von Filmschauspielern und TV-Entertainern erreicht. Aber dieser Eindruck täuscht, denn hier geht es nicht um Medien-Prominenz für die Massenmärkte, sondern um Hochkultur-Politur für eine gediegene Marke, die von jugendlichen *Life-style*-Rassisten zu Unrecht als Opa-Outfit geschmäht wird. Da kann man sich als kultivierter Mensch durchaus einmal solidarisch erklären. Die wirklichen Werbe-Zeichen der Zeit werden ohnehin in den USA gesetzt. So mag sich mancher europäische Betrachter 1995 noch gewundert haben, als der prominente Trend-Maler Ross Bleckner zur Vernissage seiner von *Boss* mitgesponserten Ausstellung im Guggenheim-Museum auch im *Boss*-Anzug aufkreuzte.[2] Inzwischen müßte man sich schon eher darüber wundern, daß er damals nicht auch gleich den Namen seines Sponsors angenommen hat – wo es ihn doch nur einen Federstrich gekostet hätte! Denn jetzt hat sich der einstmalige Filmheld der Gegenkultur Dennis Hopper dazu bekannt, daß er unter Vertrag steht, nichts anderes als Kleidung von *Boss* tragen zu dürfen, worauf er, wie er hinzufügte, sehr stolz sei.[3] Das kann er auch, denn in solchen Kleidern macht auch der ältere Mensch noch eine gute Figur.

Hatte man bislang nur den ein oder anderen Nachrichtensprecher im Verdacht, sich seine Bildschirm-Dienstkleidung exklusiv zu beschaffen, so bedurfte es eines schnoddrigen Amerikaners, damit das Schweigen über diese offenbar längst real-kapitalistische Kulturpraxis gelüftet wurde. Jetzt kann die Spekulation beginnen: Wer zahlt überhaupt noch für seine Klamotten im Kunst- und Medienbetrieb? Wer trägt sie noch im Ernst und wer schon *for show* – und kann man darüber offen reden? Man wird es wohl müssen, wie sonst sollen die anderen mitkriegen, was man trägt? Man kann ja schließlich nicht alle Viertelstunde die Innenetiketten lüften.

Profi Hopper wählte für sein *coming out* jedenfalls eine passende Gelegenheit, nämlich die Verleihung des *Hugo-Boss*-Kunstpreises an

---

2 Michael Kimmelman: Bleckner's Melodrama; A Minimalist's Quietude. In: The New York Times, 10. März 1995.
3 Peter Schjeldahl: Bonjour Tristesse. The Hugo Boss Prize. In: Village Voice, New York, 11. August 1998.

den Medienkünstler Douglas Gordon im New Yorker Guggenheim Museum. Während alle Welt über virtuelle Wirklichkeiten redet, hat die Testimonial-Werbung durch Hoppers Live-Konfession den Weg aus den Medien in die greifbare Wirklichkeit gefunden: *Product Placement* ist jetzt nicht mehr nur im Film, sondern auch im Alltag von Vernissagen und Preisverleihungen vorstellbar. Ob Festredner Hopper für seinen demonstrativen Konsum mehr Geld einstreicht als der prämierte Künstler, der immerhin achtbare 50 000 Dollar mit nach Hause nehmen konnte, blieb ungeklärt, ist aber wahrscheinlich, denn Hollywood ist immer noch teurer als Artsville.[4]

Der Zeitpunkt für Hoppers Enthüllung war ohnehin günstig, denn im Guggenheim standen gerade jede Menge glitzernder Motorräder herum, die in seinem traditionsreichen Kunstmuseum auszustellen der Direktor Thomas Krens für dringend geboten gehalten hatte – und mit ihm, wen wundert's, lauter einschlägige Sponsoren, darunter *BMW*. Im Rahmen dieser Motorrad-Promotion hatte Hopper im Guggenheim schon Wochen vorher über seine Vorbild-Rolle als *Easy Rider* in dem gleichnamigen Kiffer-Spektakel reden dürfen, für das die Motorradhersteller ihm immer noch dankbar sein können.[5] Warum hätte er sich also bei der Verleihung des *Hugo-Boss*-Kunstpreises zurückhalten sollen? Angesichts des Sponsoren-*overkills* im Guggenheim konnte Hoppers Kleider-Credo kaum unangenehm auffallen. Es gelangte vielmehr – Wunschziel aller Sponsoren – direkt in den redaktionellen Teil der Kulturpresse. Ein gelungener Einsatz des einstigen Individualisten-Darstellers Hopper: Der Mensch als Medium – oder der Künstler als Mietling?

---

4 Zum Begriff des demonstrativen Konsums siehe Thorstein Veblen: Theorie der feinen Leute. Eine ökonomische Untersuchung der Institutionen (1899), Frankfurt (Main) 1986.
5 Carol Vogel: Latest Biker Hangout? The Guggenheim Ramp. In: The New York Times, 3. August 1998

Department für öffentliche Erscheinungen, act, 1998

»*act* war eine Aktion des ›Department für öffentliche Erscheinungen‹, einer Künstlergruppe mit Sitz in München und New York. Das Department kommentiert und parodiert hier auf anschauliche Weise die Problematik von Sponsoring und die Verflechtung von Kunst und Kommerz.

act steht im Zusammenhang mit der Ausstellung ›The Art of Motorcycle‹, die am 26. Juni 1998 im Solomon R. Guggenheim Museum, New York, eröffnet wurde. Der Ausgangspunkt für diese kritische Arbeit des Departments ist die problematische Beziehung von Kunst und Wirtschaftsinteressen, die exemplarisch bestimmt ist durch die Tatsache, daß BMW in ›The Art of Motorcycle‹ gleichzeitig Sponsor und Aussteller ist.

act ist ein imaginäres Produkt, das Design und Werbestrategien der Parfumindustrie imitiert. Sein Name setzt sich aus den Anfangsbuchstaben von art, culture und technology zusammen. Im Design des Glasflacons verbindet sich die berühmte Rotunde des Guggenheim Museums mit dem dominanten BMW-Logo als Verschluß, ähnlich einer Münze, die in eine Sparbüchse fällt. Beworben und begleitet wird der Duft von Werbeslogans, die sich aus Textfragmenten der Guggenheim- und BMW-Pressetexte zusammensetzen. Auf dem ›scratch and sniff‹-Feld in der linken Innenseite der Werbekarte kann durch Reiben der Duft aktiviert werden. Es verbreitet sich jedoch kein Wohlgeruch, sondern ein Gestank nach Motorenöl und Benzin.

act wurde mit einem Launching Event in ›White Columns‹, New York, am 20. Juni 1998 erstmalig der Öffentlichkeit präsentiert. Zugleich wurde die Duftkarte an internationales Kunstpublikum versandt und als Beilage in den internationalen Kunstzeitschriften ›springerin‹ (Hefte zur Gegenwartskunst, Bd. IV, no. 2, 1998) und ›Merge‹ (Speed of Life, no. 1, 1998) geschaltet. An den Eröffnungsabenden der Ausstellung wurde die Duftkarte vor dem Solomon R. Guggenheim Museum als Kostprobe verteilt. Unter die Vernissagegäste gemischt, gelang des dem Department für öffentliche Erscheinungen eine halbe Stunde lang als Teil der Eröffnungsaktivitäten zu agieren, bis schließlich Ordnungshüter des Museums die Department-MitgliederInnen des Geländes verwiesen.«

Department für öffentliche Erscheinungen

Christoph Graf Douglas

Wäre weniger mehr?

Im Dezember 1962 wurde unter höchsten Sicherheitsvorkehrungen und mit großem Aufwand die Mona Lisa in einem Flugzeug von Paris nach New York geschickt, um für einige Wochen im Metropolitan Museum ausgestellt zu werden. Die Initiative für diese Kunstreise kam von Jacqueline Kennedy.

Bei uns zu Hause gab es in diesen Wochen das übliche späte, ausgiebige Sonntagmorgen-Frühstück mit allen Geschwistern, Eltern und Gästen. Auch Tante L. war zugegen, die zwischen Tee und Kaffee folgenden Satz auf den Frühstückstisch legte: »Ist es nicht herrlich, daß Jackie Kennedy es geschafft hat, die Mona Lisa nach New York zu holen?« Mein Vater aß ein Spiegelei und erwiderte, nachdem er sich den Mund abgewischt hatte: »Diese Reise der Mona Lisa ist der größte Blödsinn, von dem ich seit langem gehört habe. Sollen die Amerikaner doch nach Paris reisen, um dieses Bild zu sehen. Sie könnten dann neben der Mona Lisa noch andere Dinge erleben, die für ihr Leben von Nutzen sind.« Die Tante schlug zurück und erklärte, daß aus finanziellen Gründen nicht alle Amerikaner sich eine Reise nach Paris leisten könnten. »Ja«, antwortete mein Vater, »aber 99 % der Amerikaner, die sich keine Reise nach Paris leisten können, schauen sich auch nicht die Mona Lisa im Metropolitan Museum an«. Die übliche Frühstücksschlacht begann, die Parteien bezogen ihre Positionen. Ein weiterer Gast kam der Tante zur Hilfe. Es sei eine herrliche Geste der Franzosen, den Amerikanern dafür zu danken, daß sie die Deutschen 1944 aus Frankreich geworfen hätten. Das sei schon möglich, konterte mein Vater, aber unter diesen Umständen solle man doch das Bild für mehrere Jahre nach Moskau schicken, denn die Russen hätten am allermeisten dazu beigetragen, Hitler in die Knie zu zwingen. »Und wenn man das Bild schon unbedingt nach Amerika schicken muß, dann doch besser nach Arkansas oder nach Texas. Die New Yorker haben genug gute Bilder zum Anschauen.« Nun mischten wir Kinder uns in den Streit, alle natürlich auf der Seite von Jackie Kennedy. Mein Vater machte den Vorschlag, man solle doch im Sinne der neuen deutsch-französischen Freundschaft die Mona Lisa für einige Jahre im Wohnzimmer von Konrad Adenauer in Rhöndorf aufhängen. So könne man mit dem Bild Politik betreiben. Er jedenfalls halte von diesem Bildertourismus überhaupt nichts. Schon Napoleon habe mit seinen Kunstraubzügen sein ganzes Image zerstört. Und der kleinkarierte Verbrecher Hitler hätte den Wahnsinn besessen, ein Weltmuseum in Linz zu planen.»Man stelle sich nur vor – in Linz. Wenn es nach Onkel M. gegangen wäre (Onkel M. war Nazi und der Ehemann der streitbaren Tante am Tisch), könnten wir jetzt alle nach Linz fahren, um die Mona Lisa zu sehen. Nein«, und das war meines Vaters letztes Wort zum Sonntag,»lieber will ich in Italien vor verschlossenen Kirchen und bestreikten Museen stehen, als nach Essen zu reisen, um in der Villa Krupp von morgens 8 bis abends 10 die Pietà von Michelangelo sehen zu können.«

Was hat diese verjährte Diskussion mit dem Guggenheim Museum zu tun? Doch wohl gar nichts. Thomas Krens hat nie geplant, ein Guggenheim Museum in Linz zu eröffnen. Aber, so weiß man, in Salzburg. Warum wohl in Salzburg? Weil er der von Touristen überrannten Getreidegasse einen Aderlaß gewähren wollte? Die Masse der Touristen wäre dann direkt vom Mozartmuseum ins Guggenheim Museum gepilgert. Oder bestand der Grund darin, daß sich alljährlich die ›Kultur-Elite‹ im Goldenen Hirschen trifft. Man hätte herrliche Ausstellungseröffnungen – in Smoking und Abendkleid, den Platz für tausend Mark – arrangieren können. Möglicherweise hatte Krens einen ganz persönlichen Grund. Ein Freund meines Vaters hat einmal deshalb eine Fabrik in einer Stadt gebaut, weil er dort eine Geliebte hatte. Nachdem die Geliebte ihn verlassen hatte, ist die Fabrik kurze Zeit später Pleite gegangen. Warum das Museum schließlich nicht in

Salzburg, sondern in Bilbao gegründet wurde, habe ich nie verstanden. Immerhin hat die Stadt einen schönen Namen. Und nun noch, gemeinsam mit der Deutschen Bank, ein Guggenheim Museum in Berlin. Was haben die miteinander zu tun? Möglicherweise das gleiche wie ein Koffer und eine Flasche Champagner. Louis Vuitton und Dom Perignon gemeinsam als Lebensstil vermarktet. Eine Lebenshaltung. Das Guggenheim und die Deutsche Bank, als Lebensstil – global, international, weltoffen, fabelhaft, reich. In der Sprache der neuen Generation: echt geil, fett.

Die Sache ist noch lange nicht ausgereizt. Ich erlaube mir, hier einige Vorschläge zu machen: Das Guggenheim Museum sollte, einem allgemeinen Trend entsprechend, an die Börse gehen. Mit diesem Schritt könnten Millionen locker gemacht werden. Guggenheim-Aktien, von zeitgenössischen Künstlern kreiert und handsigniert, könnten gerahmt Tausende von Büros und Wohnräume verschönern. Sie wären sozusagen ein deutliches Siegel für Weltoffenheit und Kunstliebe. Mit dem Geld, das durch den Börsengang erwirtschaftet wird, könnte man weitere, schlecht geführte und an Geldmangel leidende Museen samt ihrer Bestände aufkaufen. So ließe sich mit einem Schlag der ›Shareholder Value‹ deutlich verbessern. Sicherlich würden sich vor allem in Osteuropa einige Museen günstig zum Kauf anbieten. Wie in der Wirtschaft üblich, würde man diese Museen nicht sofort schließen. Die guten Bilder würden einige Zeit später in den Guggenheim-Weltbestand übergehen. Die schlechten könnte man zu teuren Preisen – immerhin hätten sie ja nun eine Guggenheim-Provenienz – fabelhaft verkaufen. Das wahre ›Asset‹ wäre dann das Grundstück, mitten in der Stadt gelegen, das an den meistbietenden Investor verkauft würde.

Ein anderer Vorschlag betrifft die Ausweitung des Guggenheim-Bilderbestandes. Das Guggenheim könnte beispielsweise eine Fusion mit dem Herzog Anton Ulrich-Museum in Braunschweig eingehen und damit ein ganz neues Kundensegment abdecken. Das mit hervorragenden Bildern des 16., 17. und 18. Jahrhunderts ausgestattete Museum wird zur Zeit schlecht vermarktet und wenig besucht. Nach einer solchen Fusion hieße es dann »Anton Ulrich Guggenheim Foundation« und würde jährlich Hunderttausende von Besuchern empfangen. Und wen interessiert schon wirklich, wer Anton Ulrich oder wer Herr Guggenheim war?

Guggenheim-Kunstrestaurants: alle gleich ausgestattet und mit den gleichen Speisekarten versehen, mit ›Bellinis‹ aus Venedig, ›Tapas‹ aus Bilbao, ›Sandwiches‹ aus New York, ›Berlinern‹ aus Berlin, schnell serviert und elegant zubereitet. Diese Restaurants könnte man überall dort plazieren, wo Kunst stattfindet, z. B. in Bayreuth, Glindebourne oder bei den Schleswig-Holsteinischen Festspielen. Die Guggenheim-Kreditkarte ermöglichte jedem Inhaber den Eintritt ins Museum – ohne anzustehen.

Bei aller Ironie: Es bleibt Bewunderung und Respekt für die Leistung von Thomas Krens und seinem Team, so viel Geld und Aktivität auf die Beine gestellt zu haben. Doch fällt folgendes auf: Befragt man Erstbesucher des Guggenheim Museum in New York oder Bilbao, so wird immer primär über die Architektur und das Marketing und erst an zweiter Stelle über die Bilder gesprochen. Die Hülle wird gelobt, die offenbar vom Inhalt ablenkt. Haben die großen Museen Europas einfach den Zug verschlafen, sollten sie schleunigst die Guggenheim-Schiene befahren? Ein Alptraum! Man stelle sich vor: eine Dependance des Prado im schwedischen Uppsala, in Wuppertal und in Nizza. Dependancen der Eremitage in Klagenfurt und Liverpool. Und von Januar bis März ein Ableger des Louvre in Sankt Moritz.

Was Kunst ist, was sie soll und was man mit ihr machen kann, ist nicht zu beschreiben, auch nicht im wörtlichen Sinn. Auf jeden Fall hat Kunst mit Sensibilisierung, mit Beglückung und Entfremdung, mit Angst und mit Mut, mit Lust und mit Seele zu tun. Wir werden tagtäglich vermarktet, und wir vermarkten selbst. Ist es da nicht legitim, daß einem die Vermarktungsstrategien eines großen Museumsbetriebes auf die Nerven gehen?

Eines der schönsten Gedichte von Mörike, ›Auf eine Lampe‹, beschreibt einen verwunschenen und vergessenen Pavillon in einem Park. An der Decke hängt eine von niemandem beachtete Alabaster-Lampe. Der Kernsatz dieses Gedichts lautet: »Was aber schön ist, selig scheint es in ihm selbst«. Es bleibt die Frage, ob die Aktivisten des Guggenheim und seine Sponsoren eines Tages zu diesem Pavillon vordringen werden. Man wünschte es Ihnen. Aber wünschen wir es auch der Lampe?

Bildnachweis

Bildarchiv Museum für Völkerkunde, Frankfurt am Main: S. 130 (Eva Raabe); 132, 134 (Hans P. Hahn)
Department für öffentliche Erscheiunungen, München: S. 159
Deutsche Guggenheim Berlin: S. 62
dpa: S. 43, 57
DuMont Buchverlag: S. 48, 49, 51, 100, 125
plus 49/VISUM: S. 47, 96, 98 (Andreas Sterzing); 107, 110 (José Manuel Navia)
Angelika Schmidt-Herwig: S. 126, 127, 128, 129

Die Autoren

Elmar Altvater,
geb. 1938 in Kamen/Westfalen, studierte Volkswirtschaft und Soziologie an der Universität München. Seit 1970 ist er Professor für Politische Ökonomie am Fachbereich Politische Wissenschaft an der FU Berlin. Veröffentlichungen u. a.: Die Zukunft des Marktes (1991), Der Preis des Wohlstands (1993), Grenzen der Globalisierung (gemeinsam mit Birgit Mahnkopf; 1996).

Jean-Christophe Ammann,
geb. 1939 in Berlin, leitete 1968–1977 das Kunstmuseum Luzern und war 1972 Mitorganisator der ›documenta 5‹ in Kassel. 1978–1988 Direktor der Kunsthalle Basel, leitet er seit 1989 das Museum für Moderne Kunst in Frankfurt am Main. Daneben ist er Lehrbeauftragter der Universität Gießen und Professor der Universität Frankfurt. Für die Biennale in Venedig 1995 war er Kommissar des deutschen Pavillons.

Verena Auffermann,
geb. in Höxter an der Weser, lebt heute in Frankfurt am Main. Sie ist als Kulturjournalistin vor allem für die Süddeutsche Zeitung sowie für Rundfunk und Fernsehen tätig. An der Universität Frankfurt lehrt sie im Studiengang Buch- und Medienpraxis. Veröffentlichungen u. a.: Nelke und Caruso. Über Hunde. Eine Romanze (gemeinsam mit Iso Camartin; 1997), Beiträge für den von Cathrin Kahlweit hg. Essayband Jahrhundertfrauen. Ikonen – Idole – Mythen (1999).

Walter Grasskamp,
geb. 1950 in Kapellen/Erft, studierte Literaturwissenschaft, Kunstgeschichte, Philosophie und Soziologie in Köln, Konstanz und Aachen. Seit 1975 als Autor für den Rundfunk sowie für Zeitschriften und Zeitungen tätig, lehrte er nach der Promotion (1979) an verschiedenen Hochschulen, seit 1985 als Professor für Kunstwissenschaft. Seit 1995 Ordinarius für Kunstgeschichte an der Münchner Akademie der Bildenden Künste. Letzte Buchveröffentlichungen: Der lange Marsch durch die Illusionen. Über Kunst und Politik (1995), Kunst und Geld. Szenen einer Mischehe (1998).

Christoph Graf Douglas,
geb. 1948 in Konstanz, studierte Kunstgeschichte, Geschichte und Archäologie an der Universität Freiburg. Seit 1979 ist er für Sotheby's, London, als Experte für europäisches Silber tätig, von 1987 bis 1995 war er geschäftsführender Direktor für Sotheby's Deutschland und Mitglied der Vorstandes. Unter seiner Leitung fand u. a. die Thurn und Taxis-Auktion in Regensburg und die Versteigerung der Sammlung des Markgrafen von Baden statt. Seit 1996 betreibt er in Frankfurt eine Firma für Kunstberatung.

Hilmar Hoffmann,
geb. 1925 in Bremen, gründete und leitete bis 1970 das Kurzfilmfestival in Oberhausen, wo er fünf Jahre lang auch als Kulturdezernent tätig war. Von 1970 bis 1990 Kulturdezernent in Frankfurt, initiierte er u. a. das Frankfurter Museumsufer. Daneben war er als Lehrbeauftragter der Universität Bochum, Honorarprofessor der Universität Marburg und Gastprofessor an der Universität Tel Aviv tätig. Seit 1993 ist er Präsident des Goethe-Instituts. Veröffentlichungen u. a.: Kultur für alle (1979), Kultur für morgen (1985), Kultur als Lebensform (1990), Frankfurter Museumsführer (Hg., 1988), The Triumph of Propaganda (1990), Kultur-

geschichte unseres Jahrhunderts (Hg., gemeinsam mit Heinrich Klotz), Mythos Olympia (1993), 100 Jahre Film (1994).

Peter Iden,
geb. 1938 in Meseritz/Brandenburg, studierte Philosophie, Geschichte und Theaterwissenschaften in Frankfurt und Wien. Leiter des Feuilletons der Frankfurter Rundschau, seit 1980 Professor an der Hochschule für Musik und darstellende Kunst in Frankfurt, 1978 bis 1987 Gründungsdirektor des Museums für Moderne Kunst ebendort. Veröffentlichungen u. a.: Über die Wirklichkeit (1960), Edward Bond (1973), Die Schaubühne am Halleschen Ufer (1979), Theater als Widerspruch (1984), Gesellschaft, was ist das? (1985), Bilder für Frankfurt (1985), Meine liebste Rolle. Schauspieler über sich selbst (Hg., 1993), Warum wir das Theater brauchen (Hg., 1995), Jürgen Flimm (1996).

Heinrich Klotz,
geb. 1935 in Worms, studierte Kunstgeschichte, Archäologie und Philosophie in Frankfurt, Freiburg, Heidelberg und Göttingen und wurde nach Gastprofessuren an der Yale University, USA, und an der Freien Universität Berlin 1972 als Ordinarius für Kunstwissenschaften an die Universität Marburg berufen. 1979 Gründungsdirektor des Deutschen Architekturmuseums in Frankfurt am Main, das er bis 1989 leitete, anschließend Gründungsdirektor des Zentrums für Kunst und Medientechnologie (ZKM) und 1992 Gründungsrektor der Staatlichen Hochschule für Gestaltung in Karlsruhe. Veröffentlichungen u. a.: Architektur im Widerspruch (1974), Revision der Moderne (1984), Moderne und Postmoderne (1984), Die neuen Wilden (1984), Von der Urhütte zum Wolkenkratzer (1991), Kunst im 20. Jahrhundert (1994), Kulturgeschichte unseres Jahrhunderts (Hg., gemeinsam mit Hilmar Hoffmann), Geschichte der deutschen Kunst Bd. 1 (1998).

Hilmar Kopper,
> geb. 1935 in Westpreußen, trat 1954 als Lehrling bei der Deutschen Bank ein. 1977 in den Vorstand berufen, wurde er zwölf Jahre später dessen Sprecher und 1997 schließlich Vorsitzender im Aufsichtsrat der Deutschen Bank. Daneben erhielt er zahlreiche Mandate in Aufsichtsräten großer in- und ausländischer Unternehmen. Er ist Mitglied der Administration des Städel-Museums in Frankfurt sowie Mitglied des Goethe-Instituts in München. 1995 gründete er die Kultur-Stiftung der Deutschen Bank und initiierte das Deutsche Guggenheim Berlin.

Dieter Kramer,
> geb. 1940 in Rüsselsheim, studierte Germanistik, Politik und Europäische Ethnologie in Mainz und Marburg und habilitierte sich 1987 in Wien, wo er seither als außerordentlicher Professor für Europäische Ethnologie tätig ist. 1977 bis 1989 wissenschaftlicher Mitarbeiter im Dezernat Kultur und Freizeit der Stadt Frankfurt am Main. Seit 1990 ist er Oberkustos am Museum für Völkerkunde in Frankfurt am Main. Zwischenzeitlich war er 1995 bis 1998 wissenschaftlicher Berater im Goethe Institut. Veröffentlichungen: Freizeit und Reproduktion der Arbeitskraft (1975), Der sanfte Tourismus (1983), Tourismuspolitik (1990), Handlungsfeld Kultur (1996), Aus der Region – für die Region (1997), Von der Notwendigkeit der Kulturwissenschaft (1997).

Friedrich Meschede,
> geb. 1955 in Lippstadt/Westfalen, studierte Kunstgeschichte in Würzburg und Münster. Nach dem Studium zunächst Mitarbeiter des Westfälischen Landesmuseums, wurde er 1989 Direktor des Westfälischen Kunstvereins in Münster. Seit 1992 ist er Referent für Bildende Kunst im Berliner Künstlerprogramm des Deutschen Akademischen Austauschdienstes.

Christoph Vitali,
geb. 1940 in Zürich, studierte u. a. Jura in Zürich und legte 1968 Anwaltsexamen und Promotion ab. Danach war er zunächst im Zürcher Kulturreferat tätig, von 1971 bis 1979 Leiter des Kulturamtes. 1979 Übersiedlung nach Frankfurt am Main, zunächst Verwaltungsdirektor der Städtischen Bühnen, 1985 bis 1993 Direktor des Theaters am Turm und der Schirn Kunsthalle. Seit 1994 ist er Direktor des Hauses der Kunst in München.